Viviendo Fuera Del Sistema

El Manual Esencial Para Adoptar El Minimalismo Y La Autonomía Con Tu Propia Granja Casera Sustentable

Chase Bourn

Tabla de Contenidos

Introducción

Hay un gran problema mirándote a la cara todos los días. Te despiertas con tu despertador sonando, te desplazas a un trabajo que odias en un coche de lujo por el que detestas pagar, sólo para ganar dinero para otra persona.

Estás cansado de nuestra sociedad moderna y complicada, de las pilas de facturas y de la falta de libertad que tu situación actual te está trayendo. Sueñas con esa pequeña y linda granja de pasatiempos o con esa granja minimalista en la que en realidad estás contribuyendo a la Tierra en lugar de quitarle. Hay un eco-guerrero dentro de ti que pide salir y vivir una vida libre de contaminación y sostenible que esté llena de opciones y la libertad de hacer lo que quieras.

¿No sería grandioso si tuvieras una guía que te mostrara exactamente cómo hacer la transición y lograr vivir fuera de los radares y ser autosuficiente?

¡Eso es exactamente de lo que se trata este libro!

Este libro será tu guía completa de todo lo que necesitas saber para hacer la transición a una vida autónoma y establecer una vida autosuficiente, sostenible y ecológica. Voy a explicarte todo lo que necesitas saber, desde cómo obtener el trabajo adecuado hasta cómo configurar tu sistema eléctrico independiente y mucho más.

Pero antes de entrar en detalles, quiero presentarme.

Mi nombre es Chase Bourn, y he estado viviendo fuera del sistema durante más de siete años en más de 10 acres de tierra que poseo. Durante los últimos siete años, he estado viviendo mi sueño autosuficiente a través de un estilo de vida muy minimalista y ecológico. Aunque en el gran esquema de las cosas, siete años no parece mucho, en ese tiempo he ganado una vida de conocimiento y experiencia que quiero transmitirte. Hay mucho que aprender cuando se sale del sistema y quiero compartir las cosas que he aprendido contigo para hacer tu transición más fácil y exitosa.

Verás, ni siquiera puedo empezar a explicar lo feliz que estoy con mi elección de estilo de vida. Todos los días me despierto (sin despertador) y puedo disfrutar de la belleza de la granja casera que he creado personalmente. Mi vecino más cercano está a varios kilómetros.

Estoy viviendo literalmente un sueño que tuve hace varios años y que originalmente nunca pensé que fuera posible realizar. Ahora, no podría estar más feliz.

Durante los últimos dos años, he ayudado personalmente a cientos de personas a realizar con éxito la transición a este estilo de vida. Espero poder ayudar a miles de personas más a través de este libro. Incluso ahora, recibo mensajes semanales, correos electrónicos e incluso correo postal de personas que me agradecen por ayudarles en su transición, ¡lo que me hace sentir muy bien!

Voy a hacerte una promesa con este libro... Si tomas este texto y digieres completamente cada capítulo, vas a estar completamente equipado y capacitado para cambiar tu vida de una rutina de 9 a 5 a vivir en tu propio paraíso sereno. Incluso si no tienes ninguna experiencia en la vida fuera del sistema, todo lo que necesitas es el deseo de hacerlo y el conocimiento de todo lo que hay que aprender de este libro. Piensa en él como la primera herramienta en tu caja.

¡Deja de aplazarlo!

Si realmente quieres vivir esta vida, entonces deja de aplazarla, deja de decir "Algún día lo haré..." y empieza a poner en práctica ese plan de "algún día" ahora. Estoy seguro de que sabes muy bien lo que le pasa a la gente que sigue diciendo "algún día", ese día nunca llega y viven sus vidas con arrepentimiento. Se arrepienten de no haber tenido nunca la valentía de perseguir sus sueños y luego acaban diciendo: "Ojalá lo hubiera hecho...". Así que da ese salto de fe y usa este manual como tu mapa para lograr tus metas de vida fuera del sistema.

Este manual de vida autónoma te llevará de la mano y te mostrará paso a paso todo lo que necesitas para empezar a vivir una vida de libertad. No puedo enfatizar lo suficiente la alegría y satisfacción que experimento al vivir mi estilo de vida sostenible y fuera del sistema. Es verdaderamente una forma libre de vivir y todo está delineado para ti aquí en este libro.

Puede que ya estés haciendo estas preguntas:

- ¿Cómo puedo ganar dinero?

- ¿Dónde viviré?

- ¿Qué pasa con el agua y la electricidad?

No te preocupes, en este libro cubro todo eso y mucho más en profundidad para ti.

Aquí hay una pequeña muestra de los temas que cubriré en este libro:

- Los diferentes tipos de vida fuera del sistema

- ¿Es la vida autónoma realmente para ti?

- Cómo abrazar el minimalismo

- Poner en orden tus finanzas

- Dónde comprar una propiedad

- Formulación de tu plan

- Todo lo que necesitas saber sobre el agua - desde el almacenamiento hasta las aguas residuales

- Múltiples tipos de fuentes de energía alternativas

- Cómo reducir tu consumo de energía

- Cómo comunicarte con el mundo exterior (vivir fuera del sistema no significa que tengas que ser un ermitaño, a menos que quieras)

- Sistemas alimentarios sostenibles

- Manteniendo tu hogar seguro

- Y cómo hacer dinero viviendo autónomamente.

¡Sigue leyendo y serás un maestro en la vida fuera del sistema y sostenible en poco tiempo!

Capítulo Uno

¿De qué se trata la vida autónoma?

Aunque muchas personas sueñan con vivir autónomamente, ciertamente no es un estilo de vida al que todo el mundo pueda aclimatarse. Se necesita mucho conocimiento, determinación y planificación para poder vivir de esta forma con éxito.

En este capítulo, voy a compartir un poco de mi historia y cómo llegué a ser el experto granjero que soy hoy en día y los diferentes tipos de situaciones fuera del sistema o de granjas. Además, te daré un pequeño vistazo a la realidad del estilo de vida autónomo para que puedas determinar si debes ser excluido de este estilo de vida o si es adecuado para ti.

La historia de Chase Bourn

Fue hace unos ocho años. Tenía un trabajo corporativo al que temía ir todos los días. Rápidamente empecé a darme cuenta de que lo que yo pensaba que quería - el gran trabajo de lujo, el coche caro y el apartamento en el centro de la ciudad - era exactamente en lo que me había convertido. Me sentí como si estuviera viviendo en la película *Groundhog Day*, donde es el mismo día una y otra vez. Hacía todo por costumbre.

Mi salud estaba declinando por salir a comer fuera todo el tiempo y estar demasiado ocupado para cocinar una comida decente. Sentía que la contaminación de la ciudad me sofocaba cada día más y más. Aunque era bueno en mi trabajo y me pagaban bastante bien, me sentía insatisfecho y vacío. No estaba haciendo ninguna diferencia. Yo era un experto en números, otras mil personas en la ciudad probablemente podrían haber hecho mi trabajo.

Empecé a leer libros de auto-mejora en un esfuerzo por tratar de "encontrarme" a mí misma, pero nada parecía hablarme. Entonces un día estaba probando esta nueva meditación mental y me di cuenta de algo profundo. Fue una meditación guiada y la voz suave y serena me dijo que visualizara cómo se veía mi día ideal y cómo me sentiría al experimentar ese día ideal. Entonces la voz tranquilizadora me guió a meditar sobre cómo este día ideal encajaba en mi vida idealmente imaginada en general.

En ese momento me di cuenta de que no estaba viviendo mi día o mi vida ideal. Mi vida ideal era aquella en la que estaba desconectado, viviendo de la tierra, y siendo el eco-guerrero que siempre supe que estaba en mi corazón. Algunos lo llaman ser hippie, yo lo llamo ser consciente.

En mi vida ideal, podría despertarme todos los días sintiéndome completo y satisfecho con la vida que había construido para mí mismo. Nunca tendría que preocuparme por despertarme con ese molesto despertador. En su lugar, podría servir mi taza de café recién hecho, sentarme en mi porche trasero y ser capaz de tomar todo lo que la naturaleza tiene que ofrecer sin tener que preocuparme por salir corriendo al trabajo y sentarme en el tráfico. Podría vivir y trabajar en mis propios términos sin tener que depender de la sociedad para satisfacer mis necesidades.

Desde ese día hice un cambio de mentalidad.

Ya no iba a estar atrapado en el trabajo de 9 a 5 que odiaba. Iba a hacer todo lo que estuviera en mi poder para hacer realidad ese día perfecto que vi en mi mente. Busqué en cada rincón de Internet, librerías y bibliotecas. Fui a reuniones y seminarios. Hice todo lo posible para obtener más información sobre cómo vivir con éxito fuera del sistema.

No fue fácil. Requirió mucho ensayo y error, pero finalmente lo hice. Pude salir de mi vida tóxica en la ciudad y entrar en mi vida ideal. Ahora me despierto cada mañana sintiéndome realizado y feliz de estar vivo. Y quiero compartir mi pasión contigo con la esperanza de que realices tu sueño y cortes tus lazos con el mundo demasiado ocupado y comiences a vivir la vida en tus propios términos.

Los diferentes tipos de vida autónoma

Estoy seguro de que ya sabes lo que es la vida autónoma o, al menos, tienes una idea. El objetivo de estar fuera del sistema es tener independencia; provees tus propios servicios de agua, alcantarillado, gas, electricidad y cualquier otro sin la ayuda de compañías externas. Mientras que muchas personas ven esta vida como una ruptura con la dependencia de todos los servicios públicos, tradicionalmente se refiere a vivir fuera del sistema eléctrico. En términos generales, hay tres tipos diferentes de vida fuera del sistema: realmente campestre (es como si estuvieras acampando), el estilo de vida a medias, y el estilo de vida moderno fuera del sistema.

Campestre

Este tipo de vida autónoma no es para los débiles de corazón. Mientras que ciertamente es la forma más barata de vivir, ¡no lo llaman campestre por nada! Aquellos que viven en condiciones difíciles a menudo no tienen acceso a agua corriente en su vivienda, lo que se llama una "cabaña seca".

¡Piensa en los días pioneros!

El tipo de vida fuera del sistema tampoco se conecta a ningún tipo de red eléctrica, y generalmente incluye un retrete y probablemente un pequeño jardín o granja. Cualquier energía obtenida sería de un generador, las noches estarían iluminadas por velas, y harías mucho ejercicio al tener que arrastrar el agua desde el arroyo o lago más cercano. Si bien es cierto que se puede recolectar agua de lluvia, también tiene un costo. Por lo general, las personas que buscan el estilo de vida campestre buscan gastar lo menos posible.

Sin acceso a agua corriente, tendrías que lavar tu ropa a mano (o reservar muchas monedas para hacer colchoneta de lavandería) y preparar una ducha al aire libre. Aunque esto tampoco garantiza agua caliente, así que deberías acostumbrarte a tomar duchas frías. También debes encontrar métodos alternativos para cocinar, como sobre un fuego abierto, y maneras de refrigerar los alimentos que no requieran electricidad. Si este es el tipo de estilo de vida que quieres, trata de acampar por un período de tiempo prolongado primero para ver si es adecuado para ti.

A medias

Este es uno de los métodos más populares de vida autónoma que muchas personas han elegido adoptar. Esta es también una buena manera para que la gente empiece a trabajar si quiere ser autosuficiente. Puedes vivir este estilo de vida mientras disfrutas de algunas de las comodidades modernas como el agua corriente caliente.

Muchas personas que hacen el método a medias dependen de su ciudad cercana para algunos de sus servicios públicos, más comúnmente eléctricos. Muchas casas en el país, como granjas, ya tienen pozos y fosas sépticas, por lo que se consideran fuera del sistema para esos servicios públicos. Si estás construyendo una casa, puedes conseguir un pozo y una fosa séptica a un precio bastante asequible.

Aparte de la forma en que obtienes tus servicios públicos, la mayoría de las demás actividades de la vida diaria son las mismas. Todavía puedes cocinar una comida en una estufa de gas o enchufar tu computadora para trabajar desde tu casa (más sobre eso en el Capítulo 10). Aunque hay muchas personas que podrían no considerar este tipo de estilo de vida, es una gran manera de hacer la transición y comenzar. Además, ¡es mejor que vivir en la ciudad!

Estilo de vida autónomo moderno

Muchas personas están optando por el estilo de vida moderno fuera del sistema en el que pueden tener todas sus comodidades modernas, pero no dependen de las compañías de servicios públicos para nada. Estar totalmente fuera del sistema de ninguna manera se traduce en "campestre" en este caso. En pocas palabras, eres tu propia fuente de alimentación. Con este estilo de vida, todavía puedes retener todos los lujos que la vida en la ciudad tiene, pero en tus propios términos. Te permite estar en medio de la nada - o incluso en medio de todo - aunque sólo tienes que depender de ti mismo.

Una casa moderna autónoma incluiría un pozo eléctrico, un tanque séptico y paneles solares, energía eólica o un sistema hidroeléctrico. La energía solar es cada vez más asequible para muchas personas. Una empresa incluso está trabajando en la creación de un techo solar que se parece a las tejas normales que ayudarán a alimentar tu casa y tu coche eléctrico. Debido a la forma en que funciona el financiamiento de los paneles solares, generalmente se aconseja que los compres sin financiamiento o que utilices una línea de crédito hipotecario, de lo contrario puedes perder mucho con un gran crédito fiscal solar.

¿Estás hecho para vivir de forma autónoma?

Hay muchas razones por las que la gente decide vivir fuera del sistema, pero en general, lo hacen por la independencia que ofrece, así como el atractivo de no tener que pagar por los servicios públicos para el resto de sus vidas.

Antes de dar el salto, debes conectarte con otros que estén viviendo de esta forma y ver cómo están haciendo las cosas. La transición es más fácil para algunos que para otros. Si no estás buscando vender todas tus pertenencias y empezar la vida campestre, entonces para ser autónomo vas a requerir una inversión inicial y mucha planificación.

Cuando se sale del sistema, la ubicación física tiene mucho que ver con tu éxito. Algunas áreas simplemente no te permiten hacerlo hasta que instalas paneles solares y un pozo. Otro factor importante a considerar es el aspecto financiero inicial. Aunque el método campestre es sin duda la opción más barata, mucha gente sigue prefiriendo los servicios modernos, como las luces eléctricas, el agua corriente y los inodoros con descarga de agua. Todas estas comodidades modernas requieren la construcción de un sistema confiable y autosostenible, que puede ser costoso para empezar.

Desconectarse de la red eléctrica es una gran decisión. No es un pasatiempo divertido que puedas probar un día y cambiar de opinión al siguiente. Es un estilo de vida, por lo que debes asegurarte de que puedes comprometerte con él a largo plazo. Dependiendo del nivel, tienes que considerar cómo cambiará tu vida en otros aspectos. ¿Ahora te entregan los comestibles en tu casa? Ese no es un escenario probable cuando estés fuera del sistema. ¿Tienes todos tus electrodomésticos funcionando a la vez, todo el tiempo? ¿Como tu televisor, computadora, teléfono, tableta, etc., todos conectados al mismo tiempo? Esto tampoco es posible cuando vives de forma autónoma. Tienes que ser consciente de la energía que estás usando y cómo ahorrarla para cuando realmente la necesites.

Así que antes de sumergirte de cabeza en el estilo de vida autónomo, tómate un tiempo para pensar realmente en cómo estás viviendo tu vida actualmente y cómo quieres vivirla. Haz una lista de los pros y contras personales y ve si los pros superan a los contras. Aunque creo que más gente debería salir del sistema y ser autosuficiente en su propia granja, sé que mucha gente no está hecha para este estilo de vida, y eso está bien. Mi esperanza es que si estás leyendo este libro estés diciendo *"¡SÍ!"* a vivir autónomamente y sentir que esta es la vida que estas destinado a vivir.

Si es así...

¡Entonces sigue leyendo! ¡Tengo mucho más para ti!

Resumen del capítulo

Hace unos ocho años, mientras trabajaba en un trabajo corporativo que odiaba, tuve un cambio de mentalidad que cambió el curso de mi vida. Decidí que iba a dejar mi trabajo y mi vida en la ciudad y vivir fuera del sistema. Con mucho ensayo y error, pude hacer la transición de mi vida tóxica en la ciudad a vivir fuera del sistema en mis propios términos.

Hay varios tipos de vida fuera del sistema: campestre, a medias, y el estilo de vida moderno fuera del sistema. El campestre es la opción más extrema pero frugal - piensa en una tienda de campaña y utiliza las hojas como papel higiénico.

Mientras que la forma de vivir fuera del sistema a medias es uno de los métodos más populares. Promueve la vida fuera del sistema eléctrico, pero también el mantenimiento del acceso a algunos servicios modernos como el agua corriente y la plomería interior.

La vida moderna fuera del sistema es como vivir en una casa normal en cualquier ciudad o país. Tienen acceso a todas las comodidades modernas que tendría cualquier hogar pero que no tienen una red eléctrica.

Hay muchas razones por las que la gente elige vivir fuera del sistema, más comúnmente por la independencia que ofrece, así como por el atractivo de ahorrar mucho dinero. No seas tímido al conectarte con otros que están viviendo fuera del sistema para ver cómo están haciendo ciertas cosas. Inicialmente, la desconexión de la red eléctrica requiere mucha planificación, inversión y compromiso. Querrás estar seguro antes de hacer el salto.

En el próximo capítulo, vamos a cubrir cómo comenzar realmente con tu transición a la vida fuera del sistema. Comienza con cómo y qué reducir de tu situación de vivienda actual, cómo puedes adoptar el estilo de vida y la mentalidad minimalista, y cómo puedes ahorrar más dinero para tu estilo de vida fuera del sistema.

Capítulo Dos

Dónde Y Cómo Empezar

¡Genial!

Ahora que has decidido que vivir de forma autónoma es para ti, vamos a sumergirnos en todos los pormenores sobre cómo y dónde empezar.

Vivir fuera del sistema no es una decisión que deba tomarse a la ligera. Hay muchas cosas que entran en la decisión y muchas otras que entran en la transición. En este capítulo, vamos a repasar cómo reducir el tamaño, de lo que debes y no debes deshacerte, cómo abrazar el minimalismo y cómo poner tus finanzas en orden para que tengas éxito desde el principio.

Cómo Y Qué Reducir, Deshazte De Toda Tu Basura

Cuanto más tiempo vivas en un lugar, más cosas tenderás a recoger. Basta con mirar a cualquier persona mayor que haya vivido en la misma casa durante 20 a 50 años. ¡Tienen tantas cosas! Cosas que nunca usan. Cosas que olvidaron que tenían. Cosas que no sirven para nada o que ya no les dan alegría.

Cuando uno se sale del sistema, se trata más de lo esencial que necesitas para vivir y menos de tratar de mantenerte al día con las tendencias y ser dueño de lo último en novedades. Puede ser bastante abrumador tratar de deshacerte de las cosas a las que te has aferrado durante años. Pero créeme, una vez que des el salto, ¡no te arrepentirás! Es un sentimiento tan liberador poder caminar por tu casa sabiendo que todo está ahí con un propósito y no sólo porque tú lo quisiste. Ser capaz de reducir el tamaño de tu casa hará que tu transición a una vida autónoma sea mucho más fácil.

Es probable que tengas muchas más cosas de las que realmente necesitas - ropa, platos, baratijas, televisores, zapatos, aparatos tecnológicos, etc.

Creo que entiendes la indirecta.

Aunque no todos los que viven fuera del sistema viven en una casa pequeña, debes tomar ese enfoque cuando minimizas. Cuantas menos posesiones materiales tengas, menos tendrás que distraerte, menos estresado estarás.

Ropa

Hablemos de la ropa, por ejemplo. Mira algunos de los hombres más conocidos y exitosos del mundo - Steve Jobs,

Mark Zuckerberg, y Elon Musk. Ellos no usan mucha ropa de marca donde quiera que vayan. Usan jeans y camisetas básicas. Siendo realistas, si lavan la ropa una vez por semana, sólo necesitan suficiente para que les dure esa semana, algunos pijamas, y tal vez algunos artículos para ocasiones especiales.

Tampoco le digo esto sólo a los hombres. Es totalmente posible que las mujeres también reduzcan drásticamente sus armarios y creen lo que se llama un armario de cápsulas. Aquí es donde tienen un puñado de piezas clave que pueden mezclar y mezclar en muchas combinaciones diferentes. Al reducir la ropa no sólo se reduce el espacio necesario para esta, sino que también se reduce el agua y la electricidad para lavar todo.

Cuando estés revisando toda tu ropa, piensa en lo que quieres guardar, donar y tirar. Por cada artículo que guardes, trata de deshacerte de uno a tres artículos, esto asegurará que sólo guardes lo que realmente necesitas y que no estés trayendo desorden a tu nuevo estilo de vida autónomo. Ciertamente puedes intentar ganar algo de dinero extra vendiendo tu ropa usada en línea o en un mercadillo. ¡Sólo asegúrate de poner ese dinero extra que ganas en sus ahorros!

Artículos y aparatos tecnológicos

Si te pareces en algo a mí, siempre sentí que tenía que tener los últimos dispositivos tecnológicos - teléfonos inteligentes, auriculares Bluetooth, tabletas, televisores, relojes inteligentes, etc. Aunque esto está bien y entiendo totalmente que a la gente le encantan los artículos tecnológicos más recientes, ¿son realmente necesarios para tu nuevo estilo de vida independiente? Sin mencionar que se necesita mucha energía para cargar tales artículos.

17

¿Qué pasa con todos los aparatos que tienes?

Los electrodomésticos de la cocina pueden ser una gran categoría. Si aún no lo has hecho, intenta reducir el tamaño de tus electrodomésticos y aparatos de cocina a lo esencial. Por ejemplo, ¿realmente necesitas una rebanadora de aguacate especial? Probablemente no, un cuchillo y una cuchara afilados sirven para el mismo propósito y pueden ser usados para muchas otras tareas. Guarda los aparatos y artilugios de cocina que te permitan hacer varias cosas. Por ejemplo, en lugar de tener una olla de cocción lenta y una yogurtera, consigue una olla a presión que te permita hacer varias funciones de cocción con un solo aparato. Incluso hay combinaciones de lavadora y secadora que ayudan a ¡ahorrar espacio y energía también!

Echa un buen vistazo a todos los artículos y aparatos técnicos que posees y determina cuáles son los que realmente necesitas. Tener muchos artículos tecnológicos y electrodomésticos de cocina consume mucha energía y puede quitar tiempo a las actividades de desarrollo personal. Además, opta por los electrodomésticos de bajo consumo siempre que sea posible. Vender los artículos que ya no quieres o necesitas también puede ser una excelente manera de ganar dinero extra para comenzar tu estilo de vida autónomo.

Baratijas/herencias familiares

La separación de las reliquias familiares puede ser difícil para muchas personas. Si tienes muchos objetos que te fueron entregados, puede que sea el momento de separarse de ellos o de entregarlos. Una opción es entregarlos a otros miembros de la familia que puedan atesorar los artículos. De lo contrario, puedes tomar una foto del artículo y crear un álbum de recortes que ayude a preservar los recuerdos especiales.

Cómo adoptar el minimalismo

El minimalismo tiene muchos beneficios además de tener menos cosas con las que tropezar en tu casa. Organizar tu espacio vital puede beneficiar tanto tu salud física como mental. No sólo eso, tiene beneficios extendidos en tus relaciones interpersonales, finanzas, salud y bienestar general.

El minimalismo no consiste en renunciar a todas tus posesiones mundanas para vivir en una pequeña casa con un par de calcetines. El minimalismo se trata de ser capaz de vivir una vida más significativa con menos cosas con el fin de centrarte en la salud, las relaciones, las pasiones, el crecimiento y la contribución al bien común. Saber exactamente por dónde empezar con el estilo de vida minimalista puede ser bastante desalentador. La visión de cada persona sobre su estilo de vida minimalista es un poco diferente. Primero debes ser capaz de determinar cómo es tu visión.

Aquí es donde hacer algunos ejercicios de visión y meditación puede funcionar muy bien. Piensa en tu "por qué" por un minuto. ¿Por qué quieres adoptar el estilo de vida minimalista? ¿Qué esperas conseguir con ello?

¿Quieres deshacerte de tus cosas para liberarte de las garras del consumismo? Abrazar el estilo de vida minimalista tiene que ver tanto con tu mentalidad como con cualquier otra cosa. Es un cambio en tu estilo de vida y un cambio en los hábitos que se encuentran en lo profundo de cada aspecto de tu vida.

Para poder empezar realmente con este estilo de vida, haz una auditoría. Aquí es donde empiezas a conectar tu visión con la realidad. Tómate un tiempo para considerar seriamente cada aspecto de tu vida. Esto incluye todo, desde tus días hasta tus actividades y hábitos diarios. Si es posible, haz un seguimiento de tu rutina. ¿En qué estás pasando tu tiempo realmente? ¿En qué quieres pasar tu tiempo?

Es tiempo, para ser honesto contigo mismo. Deja de vivir en la negación. ¿Realmente necesitas esas entradas para el cine de tu novia del instituto? ¡O las guardas en un álbum de recortes o te deshaces de ellas! Es realmente una sensación increíble y liberadora cuando te deshaces de todo el desorden en tu casa. Inspírate leyendo libros, blogs y escuchando podcasts sobre el minimalismo y trata de conectarte con otras personas que están practicando este estilo de vida.

Sin embargo, no te sugeriría que revises toda tu casa en un fin de semana y despejes todo. Empieza por algo pequeño, con una habitación o con un grupo de artículos. No querrás entrar en una montaña rusa de organización y deshacerte de algo que deberías haber guardado o agotarte y abandonar la idea por completo.

He mencionado esto unas cuantas veces, cualquier cosa que decidas que quieres deshacerte, trata de venderla por algo de dinero extra para invertir en tu estilo de vida autónomo. Es bastante simple. Una vez que tengas un par de pilas de cosas de las que quieras deshacerte, haz una venta de garaje y gana un par de cientos a miles de dólares o más.

Mientras revisas todos tus artículos físicos, no te olvides de tu vida digital también. Reduce los cinco millones de correos electrónicos que recibes cada día. Haz un esfuerzo consciente para tener abiertas sólo las pestañas de tu ordenador que estés utilizando activamente. Organiza todos tus marcadores y tus archivos digitales. Además, no te olvides de hacer un esfuerzo por desconectarte. Cuando puedas alejarte del teléfono o del ordenador, tendrás más tiempo para disfrutar de las cosas en las que realmente quieres trabajar, como el desarrollo personal.

De la misma manera que con la organización digital, echa un vistazo a todo el papel que acumulas. Suscripciones a revistas que nunca lees, facturas que simplemente tiras porque las pagas en línea, e incluso productos de papel que usas en tu casa como servilletas y toallas de papel. Hay literalmente toneladas de diferentes maneras de cambiar los productos de papel de todos los días por opciones sostenibles y reutilizables que no sólo son mejores para el medio ambiente, sino también para tu salud.

Por último, una cosa a tener en cuenta en un estilo de vida verdaderamente minimalista es valorar las experiencias por encima de las posesiones materiales. Cuando seas viejo y estés enfermo, tus posesiones materiales no importarán realmente, lo que importará son tus recuerdos. Aquí es donde algo de meditación y reflexión te hará mucho bien para determinar qué es lo que más valoras.

Construyendo el éxito desde el principio: Poner en orden tus finanzas

Aunque está muy bien despejar tu espacio físico y digital, no te vas a salir del sistema si no tienes tus finanzas en orden. Si tienes malos hábitos de dinero, eso no va a cambiar sólo porque te deshiciste de un montón de tus cosas y te mudas a las afueras. Al igual que al hacer cualquier gran cambio en tu vida, tus finanzas también deben jugar un papel en tu cambio de mentalidad.

Una de las cosas que no quieres hacer al salirte del sistema es incurrir en más deudas. Antes de dar el salto a la desconexión, debes hacer todo lo posible para pagar todas tus deudas. Empieza por lo pequeño y deshazte de las más pequeñas primero, y luego trabaja en las deudas más grandes. Toma cualquier dinero extra que ganes por la venta de las cosas que estás organizando y abónalo a tus deudas.

Ahorrar en alimentos

La comida es otro gasto muy grande en el que la gente puede ahorrar dinero fácilmente. La planificación de las comidas es una gran opción para ser muy consciente de lo que estás comprando y cuánto estás gastando. Si tu meta es llegar a ser autónomo con tu comida, esta es también una gran manera de empezar a ahorrar dinero. Puedes empezar comprando comida de un granjero local o puedes empezar un pequeño huerto. La compra de alimentos genéricos y otros artículos también puede ahorrar mucho dinero, a menos que, por supuesto, tengas cupones que hagan que los artículos de marca sean más baratos.

Si no eres muy bueno para planificar las comidas, entonces sería prudente tener a mano algunos artículos esenciales para hacer comidas rápidas y baratas. Estos artículos básicos de la despensa pueden incluir cosas como:

- Huevos

- Caldos de pollo, carne y verduras

- Frijoles, legumbres y granos

- Esenciales como harina, azúcar, polvo de hornear, levadura, etc.

- Cítricos (limones)

- Patatas, cebollas, zanahorias

- Mantequilla de maní

- Avena y otros granos

- Sopas de crema

- Especias y hierbas

- Pasta y arroz

- Pechugas de pollo y carne molida

- Aceites

- Verduras congeladas

- Tortillas

- Quesos

Con esta despensa básica, puedes hacer casi cualquier cosa. Muchos de estos artículos los puedes congelar, enlatar y/o preparar con anticipación para ahorrarte tiempo y dinero en tu cuenta de alimentos.

Ahorro en pequeños gastos

A menudo, muchas personas se aferran a suscripciones que casi nunca utilizan y en las que desperdician su dinero.

Echa un vistazo a algunas de las suscripciones que estás pagando actualmente, como una membresía de gimnasio, cable, cajas de suscripción, y así sucesivamente. Piensa en todos esos "pequeños" gastos que se suman cada mes y de los que podrías prescindir.

Estos también pueden incluir esas compras impulsivas en el supermercado o en la gasolinera o incluso ir a tomar café en una cafetería en lugar de hacer el tuyo en casa. Una de las maneras en que puedes determinar realmente a dónde va tu dinero es llevar un diario de gastos. De manera similar a un registro de chequera, anota cada pequeño gasto en el que estés incurriendo durante unas pocas semanas o un mes. Puede que te sorprendas de cuánto estás gastando en artículos o servicios que en realidad no necesitas.

Haz que el ahorro sea algo sencillo

Si tu objetivo es tener ahorros (algo en lo que deberías estar trabajando), puedes hacerlo automáticamente sin tener que pensar en ello. Si te depositan tu salario o tu cheque de pago directamente, puedes hacer un retiro automático a tus ahorros. He hablado de un par de formas diferentes de ganar dinero extra cuando estás reduciendo tu vida, como vender tus artículos para obtener una ganancia. Toma esa ganancia y cualquier otro dinero "extra" que obtengas (declaraciones de impuestos, herencia, etc.) y ponlo directamente en tu cuenta de ahorros.

También puedes usar aplicaciones y servicios financieros que redondean y ahorran por ti. Por ejemplo, si vas a hacer compras de comestibles y tu total es de $58.32, entonces tu banco o aplicación redondeará a la cantidad entera de dólares más cercana y pondrá el resto en tus ahorros. Esta es una gran manera de acumular dinero en tus ahorros sin tener que pensar en ello. También puedes usar este método de re-dondeo para empezar a invertir también, que es otra gran manera de ahorrar para la jubilación.

Ahorra en servicios públicos

Teniendo en cuenta que cuando se vive fuera del sistema, es necesario ser más consciente del uso que se hace de la energía y el agua, ¿por qué no empezar ahora? Aquí hay algunas formas en las que puedes ahorrar en tus facturas de servicios públicos ahora, mientras que también desarrollas hábitos que te ayudarán a ahorrar energía y dinero mientras vives autónomamente:

- Toma duchas más cortas y frías

- Cambia tus bombillas por otras de bajo consumo

- Usa la ropa más de una vez y reduce la lavandería

- Utiliza un termostato programable

- No enciendas el aire caliente o frío

- Aísla tus ventanas durante los meses fríos (o invierte en mejores)

- Desenchufa los aparatos cuando no se estén utilizando activamente

- Usa accesorios de agua de bajo flujo para tus lavabos, duchas e inodoros

- Usa agua fría o tibia al lavar tu ropa (no caliente)

- Usa regletas modernas.

El desarrollo de estos hábitos y cambios ahora puede ayudar a que entres en la mentalidad de vivir autónomamente y ahorres energía.

Alquila o pide prestado - no compres

Una cosa que la gente subestima es la amabilidad de los vecinos y amigos. Si tienes que comprar un aparato o algo sólo para usarlo una o dos veces, trata de pedir prestado o alquilar uno en su lugar. Piensa en la gran batidora de pie (costosa) que compraste sólo para hacer macarrones una vez y que ahora se encuentra en tu armario.

Estoy seguro de que conoces a alguien a quien puedes pedir prestado o alquilar artículos para evitar tener que comprarlos y gastar dinero en cosas que apenas usas, sin mencionar que tales cosas sólo ocupan más espacio. Si necesitas usar artículos más grandes, como andamios para remodelar, también puedes alquilar estos artículos en las ferreterías nacionales.

Además, consulta en tu biblioteca local para ver qué tipo de artículos tienen para alquilar, puede que te sorprendas. He visto bibliotecas locales que alquilan monitores de kilovatios para comprobar la cantidad de vatios que utilizan los electrodomésticos de tu casa. No es algo que necesariamente tengas que comprar, pero sería muy bueno para ayudar a averiguar cómo reducir los costos de electricidad.

Se tacaño

Mis amigos me llaman tacaño, pero no me importa.

Ser un tacaño me ha permitido vivir la vida de mis sueños. No tengas miedo de preguntar por cualquier descuento disponible, nunca sabes lo que hay disponible hasta que lo pides, puedes hacerlo si sales a comer o incluso con tu proveedor de telefonía celular. Antes de hacer la transición a vivir fuera del sistema, no tengas miedo de llamar a tu compañía de electricidad para ver si hay alguna manera de reducir tu factura. Muchas ofrecen un plan de presupuesto en el que te asignan una cantidad fija y presupuestada para seis meses a la vez. Esto es muy útil cuando estás tratando de presupuestar tu dinero.

Si eres una persona que disfruta de salir a comer con amigos y otras actividades de entretenimiento, no te avergüences de ser un tacaño aquí también. Pregunta a tu camarero si hay alguna oferta o descuento disponible. Revisa las aplicaciones de cupones locales antes de salir para obtener ofertas en artículos y experiencias. He ahorrado una TONE-LADA de dinero al hacer esto, a veces sólo se necesita un poco de planificación por adelantado, pero vale la pena totalmente para ahorrar algo de dinero.

Hazlo tú mismo

También hago todo lo posible para evitar hacer una compra cuando puedo potencialmente hacer el artículo. Antes de llamar a un contratista para que te ayude con cualquier remodelación de tu casa, ve algunos videos de YouTube y busca en Google "cómo hacer…" y prueba hacer tu mismo el proyecto.

Puedes potencialmente hacer tú mismo casi cualquier cosa para tu casa, camioneta o casa rodante. Si hay algo que quieras hacer, pero no eres muy hábil en ello, pregunta por ahí a personas que conozcas que puedan ayudarte. Puedes pagarles un costo laboral más bajo o intercambiar servicios con ellos. Mucha gente todavía está abierta al trueque; no tengas miedo de preguntar.

Hay cientos y miles de maneras de ahorrar más dinero cada mes, esta lista ni siquiera supera la superficie. Cuando uno empieza a tratar de ahorrar dinero puede ser atractivo tratar de hacer todo a la vez, lo entiendo. Sin embargo, no te agobies hasta el punto de sentirte como si te dieras por vencido. Trabaja en un área a la vez e incorpora más formas de ahorrar a medida que desarrollas mejores hábitos.

Resumen del capítulo

Ser autónomo también requiere un poco de minimización y la adopción del minimalismo. Deshacerte de las cosas que no necesitas o que no sirven para nada te va a traer una gran sensación de alegría y satisfacción. La minimización también ayudará a que tu transición a la vida autónoma sea mucho más fácil. La mayoría de las personas tienen mucho más de lo que realmente necesitan. Si bien es posible que no estés haciendo la transición a una casa pequeña, la disminución de tus pertenencias te ayudará a minimizar las distracciones y te permitirá concentrarte en las cosas más importantes de tu vida.

Algunas de las cosas en las que puedes concentrarte al reducir la cantidad de cosas en tu casa incluyen ropa, artículos tecnológicos, electrodomésticos y baratijas. En realidad, sólo necesitas ropa suficiente para una semana con algunos artículos para ocasiones especiales. La creación de un armario con artículos clave para mezclar y combinar no sólo reducirá el espacio que necesitas para tu ropa, sino que también ayudará a ahorrar en la lavandería.

Disminuye al mínimo tus aparatos tecnológicos. También reduce los electrodomésticos de la cocina y mantén o invierte en los que hacen varias cosas en lugar de tener varios electrodomésticos que sólo sirven para un propósito específico. Opta también por los electrodomésticos de mayor eficiencia energética.

Cuando se trata de reliquias familiares y baratijas, crea un álbum de fotos o un álbum de recortes con fotos de artículos más grandes en lugar de conservar los artículos en sí. Ve si otros miembros de la familia quieren llevarse las reliquias. No estás tratando de deshacerte de los recuerdos, sólo del artículo físico.

Hay muchos beneficios al organizar tu casa, incluyendo físicamente, mentalmente, con tus relaciones interpersonales, finanzas, salud y bienestar general. No estoy sugiriendo que te deshagas de todas tus posesiones mundanas y te mudes a una casa pequeña, aunque es una posibilidad. El minimalismo se trata de vivir una vida significativa sin desorden para enfocarte en tu salud y desarrollo personal.

No empieces a revisar tu casa a toda prisa y a tirar cosas. Tómate un tiempo para pensar en el por qué. Por qué quieres deshacerte de las cosas y qué esperas lograr. Participa en una auditoría de estilo de vida y conecta tu visión de tu vida ideal con la realidad, pero asegúrate de ser honesto contigo mismo.

Organizar no se trata sólo de minimizar tus artículos físicos, también significa tu vida digital. Deshazte de los millones de correos electrónicos que nunca lees, organiza tus archivos digitales y cierra tus docenas de pestañas de ordenador. Intenta desconectar también durante ciertos períodos de tiempo y disfruta del tiempo sin tecnología.

Poner tus finanzas en orden es importante, tanto si vas a vivir fuera del sistema como si no. No podrás tener éxito en tu vida autónoma si no tienes tus finanzas en orden. Los malos hábitos de dinero te seguirán sin importar a dónde vayas. No deberías preocuparte por incurrir en más deudas para lograr tu estilo de vida soñado. Pon el dinero extra que ganes en el pago de tus deudas o en tus ahorros para ayudar a tu transición fuera del sistema.

Ahorra en alimentos planificando las comidas, comprando localmente y manteniendo a mano los alimentos básicos de la despensa. Reduce todos los pequeños gastos que puedas evitando las compras impulsivas y haciendo un seguimiento de en qué estás gastando tu dinero. Establece un depósito automático en tu cuenta de ahorros o utiliza una aplicación o servicio bancario que redondee tus compras y ahorra o invierte el extra automáticamente.

Ahorra en servicios públicos haciendo ajustes en tu estilo de vida y cambiando los electrodomésticos por otros de bajo consumo. Alquila o pide prestados artículos que sólo usarás unas pocas veces a tus amigos, familiares, bibliotecas o ferreterías. No tengas miedo de ser un tacaño y pide descuentos, encuentra cupones o formas de ahorrar donde puedas. Siempre que sea posible, trata de hacerlo tú mismo (siempre y cuando puedas hacerlo de manera segura) para ahorrar algo de dinero extra.

En el próximo capítulo, vamos a cubrir los diferentes tipos de viviendas autónomas, cómo y dónde encontrar tu propiedad ideal (ya sea para construir una nueva o traer tu casa contigo), y cómo armar tu gran plan para salir del sistema.

Capítulo Tres

Propiedad Autónoma, ¿Qué Es Lo Correcto Para Ti?

Vivir autónomamente es un gran compromiso. Tienes que determinar qué tipo de vida es la adecuada para ti, lo que puede incluir una gran cantidad de investigación.

En este capítulo, vamos a cubrir los diferentes tipos de casas autónomas, cómo averiguar dónde comprar una propiedad o un terreno, y la formulación de tu plan para una vida fuera del sistema.

Los Diferentes Tipos De Casas Autónomas

En el primer capítulo, cubrimos los tres tipos principales de vida autónoma: campestre, a medias, y moderna. Además de los tipos de vida autónoma, también hay varios tipos de casas que se adaptan a esto. Esto puede incluir cualquier cosa desde una enorme granja hasta una casa rodante usada para viajar por el mundo.

Casas pequeñas

Las casas pequeñas se han vuelto cada vez más populares. Aunque pueden pertenecer al sistema, hay muchas que son autónomas. Las casas pequeñas atraen a muchos ya que hay muchos aspectos que pueden ser construidos por el propietario. También obliga al minimalismo ya que no hay suficiente espacio para guardar cosas extra que no se necesitan.

Las casas pequeñas son generalmente impulsadas por energía solar pero también por el viento. De la misma forma, pueden ser una opción más asequible que las casas tradicionalmente más grandes ya que usualmente cuestan solo unos cuantos miles de dólares para construir (dependiendo, por supuesto, de qué tan grande es la casa y qué es lo que se incluye). Las casas pequeñas son también una gran manera de reducir tu huella ecológica, así como de ahorrar una tonelada de dinero. Vivir en una casa pequeña libera tu tiempo para otras cosas como el desarrollo personal y las actividades creativas, ya que no tienes que preocuparte de trabajar tan duro para pagar una hipoteca o mantener una casa mucho más grande.

Las casas pequeñas promueven la sostenibilidad y la autosuficiencia. Muchas personas construyen sus propias casas pequeñas, lo que significa que tienen una mayor comprensión de cómo funcionan y cómo pueden hacer que funcionen de manera más eficiente. Las casas pequeñas también pueden ser colocadas en parcelas muy pequeñas o en propiedades mucho más grandes. También pueden ser estacionarias o móviles. Pueden ser rurales o urbanas.

Una desventaja obvia de vivir en una casa pequeña es la falta de espacio. Aunque esto puede obligarte a pasar más tiempo fuera (cuando hace buen tiempo), no son para todo el mundo. Las casas pequeñas tampoco son buenas para familias grandes y funcionan mejor para personas solteras, parejas o un máximo de tres personas. También puede haber una falta de privacidad, ya que vives en un lugar muy reducido con una o dos personas más.

Granja casera

La agricultura en casa es más o menos lo que todos hacían antes de mudarse a las ciudades. Ser un exitoso agricultor casero, va a requerir algo de planificación y preparación. Es generalmente una casa más grande y estacionaria ubicada en una parcela más grande de tierra. Se caracteriza por la búsqueda de un estilo de vida autosuficiente.

La propiedad se encuentra en una parcela rural donde el propietario está libre de todo el ajetreo de la ruidosa vida de la ciudad. Es una gran opción para criar una familia, especialmente una grande, y generalmente no tienes que preocuparte de que los vecinos estén demasiado cerca.

La agricultura casera se enfoca mucho en ser autosuficiente. Los propietarios tienden a cultivar muchos de sus propios alimentos, criar sus propios animales y, a menudo, hacer sus propios productos naturales. Muchos también se ganan la vida con los alimentos que cultivan, los animales que crían o los productos que elaboran.

También tiene el potencial de ahorrar mucho dinero. Cuando cultivas tus propios alimentos, sólo pagarás por las semillas y puedes reducir drásticamente tu factura de la tienda de comestibles. Cuando combinas la agricultura familiar con la vida fuera del sistema, puedes ahorrar una cantidad significativa en las facturas de agua y electricidad también.

Como con cualquier tipo de situación de vida, también hay algunas desventajas al tener una granja. Puede ser costoso comenzar. Por lo general, requiere una mayor inversión en una casa y un terreno. Además, si tienes que convertir partes de la propiedad a algo autónomo, los paneles solares y los tanques sépticos pueden ser costosos de instalar inicialmente.

Si vives en tu propiedad alejado del mundo, no puedes darte el lujo de correr a la tienda de la esquina cuando necesites algo. También puede ser difícil obtener servicio de Internet y teléfono en las zonas más rurales. Esto puede llevar a una cuenta de Internet y teléfono bastante grande dependiendo de la zona en la que vivas. Sin embargo, puedes tener una casa y estar bastante cerca de los pueblos vecinos y tener un acceso decente a Internet y al teléfono.

Cabaña

Las cabañas son ideales para aquellos que prefieren tener paz y tranquilidad en el bosque. Pueden ser cableadas e incluyen plomería interior o "cabañas secas" como mencioné anteriormente en la sección campestre. Se pueden instalar fácilmente paneles solares para la electricidad y bombas de gravedad para la plomería. Aunque es posible que tengas que pasar algún tiempo cortando leña si tomas la opción de la madera ardiente.

Vivir en una cabaña es como un cruce entre la vida en la granja y la vida en una pequeña casa. La cabaña en sí puede ser de cualquier tamaño. Puede estar en una zona rural o en una zona más urbana. Puede estar totalmente cableada e incluir plomería mientras está fuera del sistema o totalmente campestre.

La característica principal de una cabaña es el material principal que se utiliza para construir la casa, que suele ser troncos. Algunas de las desventajas de poseer una cabaña de troncos incluyen poco o ningún espacio para el aislamiento, lo que significa que puede hacer más frío durante los meses de invierno y necesitas más madera para quemar para el calor. No nos olvidemos de esos molestos insectos que se alimentan de la madera. Las cabañas también pueden ser complicadas de cablear con electricidad porque no querrás dañar esos hermosos troncos. Las cabañas de troncos, dependiendo del tamaño, por supuesto, pueden ser muy caras de construir.

Además de la inmensa belleza que proporcionan, son casas "más verdes". Ofrecen una sensación maravillosamente acogedora, cálida y relajada con todo el trabajo en madera natural. Si los troncos se calafatean correctamente, son mucho más eficientes en cuanto a la energía que las casas estándar. Además, las paredes de tronco ofrecen un aislamiento acústico natural. También puedes instalar paneles de yeso sobre los troncos para crear una pared de aspecto normal que puedes pintar o puede hacer más fácil la instalación de aislamiento para el control de la temperatura y el cableado para la electricidad.

Casas de tierra

Una casa de tierra es aquella que está cubierta con tierra o construida dentro de la tierra. Aunque este es probablemente el tipo de casa menos común entre las viviendas autónomas, es ciertamente una opción a considerar. Las casas de tierra son excelentes para la conservación de la energía donde no tienes que preocuparte por el funcionamiento del aire acondicionado, incluso en climas más cálidos. También retienen mejor el calor en los meses más frescos. Las casas de tierra tienden a ser más seguras que las casas tradicionales, lo que puede dar al propietario una mayor tranquilidad. También ofrecen una mayor protección contra los elementos exteriores.

Una de las mayores desventajas de vivir en una casa de tierra es la falta de ventanas, lo que significa menos luz solar. Sin embargo, se pueden instalar claraboyas para intentar dejar entrar más luz en ciertas áreas de la casa. También debes tener en cuenta que son más susceptibles a los problemas de agua después de las fuertes lluvias. Requieren mucha más impermeabilización que las casas tradicionales. Deben tener dos o más salidas en caso de incendio para garantizar la seguridad de los habitantes.

Casas rodantes

La vida en una casa rodante puede incluir vivir en una caravana móvil o incluso una furgoneta convertida. Vivir en caravanas y furgonetas se ha hecho cada vez más popular. Mucha gente está abandonando sus viviendas tradicionales para vivir a tiempo completo en una casa rodante. La gente también está construyendo negocios para sostener este estilo de vida a través de la escritura y la realización de vídeos referentes a sus días en una casa rodante.

Uno de los mayores atractivos de esta vida es la libertad de poder ir a donde quieras y cuando quieras. Hay un nivel de libertad que se puede lograr viviendo en una casa rodante que no se puede lograr con ningún otro tipo de vida autónoma (excepto tal vez una pequeña casa móvil).

Nunca tendrás que preocuparte por molestar a los vecinos o cortar el césped. Puedes desarrollar una relación más estrecha con quienquiera que viva contigo (o contigo mismo) ya que te encuentras en un lugar tan cercano. Tampoco tendrás que preocuparte por acumular basura ya que no tendrás espacio para cosas extra que no necesitas.

La vida en una casa rodante también puede venir con muchas incertidumbres, como no tener siempre acceso al agua caliente. Los calentadores de agua pueden tardar un tiempo en llegar a la temperatura correcta, así que planifica en consecuencia cuando quieras una ducha caliente. Si no tienes un inodoro de compostaje, lo cual, recomiendo mucho, entonces tienes que preocuparte de vaciar tu tanque negro. ¡Déjame decirte que esta no es una experiencia agradable!

Vivir en una casa rodante también puede prestarse a ser más bien un zoológico de insectos. Considerando que la mayoría nunca pueden ser completamente selladas, los bichos encuentran su camino en pequeñas grietas. Sin embargo, siempre puedes rociar tu casa rodante con algún repelente de insectos para tratar de evitar que entren demasiados.

La mayoría de las casas rodantes van a requerir un poco de renovación si vas a hacer de ella tu casa de tiempo completo. Hay que admitir que las casas rodantes y las caravanas no tienen mucho estilo. Pero con algunas habilidades de diseño interior, puedes lograr un aspecto realmente impresionante que se ajuste a tu estilo.

Aunque la compra inicial de una casa rodante puede ser costosa, el costo continuo de la vida es bastante mínimo. La electricidad, la calefacción, el seguro y el Internet para las casas rodantes son generalmente muy asequibles. Puedes experimentar costos más altos al estacionar tu vehículo en ciertos parques nacionales, estatales y de casas rodantes.

Casa flotante

Otra forma de vida autónoma que es un poco menos convencional es vivir en una casa flotante. Esta es una gran opción para aquellos que aman el agua. Mientras que las casas flotantes vienen en muchos tamaños, por lo general estarás en alrededor de 400 a 500 pies cuadrados de espacio vital, que son barcos de 40-60 pies de longitud. Hay por lo menos ocho tipos diferentes de casas flotantes en las que puedes vivir, no vamos a entrar en cada una de ellas aquí, pero debes saber que, si decides la opción de casas flotantes, vas a tener que investigar más.

En lugar de pagar cualquier tipo de impuesto sobre la propiedad, vas a tener que pagar una cuota de registro de la embarcación. Al igual que con la vida en casas rodantes, la gente elige vivir en casas flotantes por la libertad que ofrece, sin mencionar algunas vistas increíbles.

Algunos de los costos asociados con la vida en un barco son las cuotas de la marina, el registro, el seguro, el bombeo del tanque de aguas residuales y otras facturas normales como la electricidad e Internet. Ciertamente hay mucho menos trabajo que hacer fuera de tu casa que con una casa tradicional, aparte de limpiarla.

Una desventaja de ser propietario de una casa flotante e intentar viajar es que, a diferencia de las casas rodantes, no puedes remolcar el coche detrás de ella. Si estás viajando, probablemente tendrás que alquilar un vehículo una vez que atraques en tu nueva ubicación. O, si el clima es lo suficientemente bueno, siempre puedes llevar una bicicleta.

Con cualquier tipo de casa autónoma, tiende a haber más trabajo físico involucrado, como acarrear agua, vaciar un inodoro de abono u otros desafíos físicos. También puede haber algunos desafíos que vienen con las regulaciones y códigos del gobierno. En términos generales, cuanto más cerca estés de la civilización, las ciudades, los pueblos, etc., más normas y regulaciones tendrás que cumplir. También tendrás que averiguar si se te exige pagar impuestos sobre tu propiedad o terreno.

Decidir dónde comprar la propiedad o el terreno

Elegir dónde va a comenzar tu vida fuera del sistema es tan importante como elegir en qué tipo de casa vas a vivir. La tierra en sí no es tan difícil de encontrar, hay tierra en todas partes del mundo. Está disponible en todo tipo de áreas, de diferentes tamaños y precios. Aunque puedes tener algunos aspectos ideales ya en mente, hay un par de factores clave a considerar cuando se busca una perfecta parcela de tierra fuera del sistema.

Deberías tener un fácil acceso al agua. Nosotros, como humanos, necesitamos agua limpia para sobrevivir. Aunque esto pueda parecer obvio, hay muchos lugares en el país que no tienen fácil acceso al agua y tienen que transportarla por muchos kilómetros. Esto probablemente no es algo que vas a querer hacer. Tener que acarrear agua de una fuente lejana no es una forma sostenible de vivir. Si bien no es necesario que vivas en un lago, debes buscar un terreno en el que tengas acceso a una fuente de agua limpia y natural, como un lago, un río, un arroyo, un manantial natural o un pozo.

Aunque el acceso a materiales de construcción naturales no es necesario, puede ser extremadamente útil. El mayor acceso que tengas a los árboles te proporciona la madera para construir tu casa u otros proyectos que puedas necesitar. También puedes usar la madera para construir cosas para venderlas y obtener una ganancia que te ayude a mantener tu vida. Otros materiales naturales como la piedra, las rocas, la arcilla y el barro son también grandes recursos para la construcción. Tener acceso a materiales de construcción naturales también te ahorra mucho dinero a largo plazo, ya que son sostenibles y están fácilmente disponibles.

También tienes que considerar la practicidad del terreno en el que te gustaría construir. Si bien es posible que hayas encontrado la propiedad más hermosa con atardeceres increíbles, si viene con demasiados códigos de construcción o restricciones, entonces puede que no valga la pena.

La ubicación es también muy importante. Con la creciente popularidad de la vida autónoma, hay ciertos estados de los Estados Unidos que promueven este estilo de vida, como Colorado, Oklahoma, Alaska, Wyoming, Arkansas y Missouri. Debes considerar la generación de energía y el clima al elegir tu ubicación. Aunque no hay dos personas que tengan el mismo ideal para sus ubicaciones, considera la cantidad de sol que deseas obtener, así como el viento, la nieve, la lluvia y la humedad. Mientras que algunas personas disfrutan de pleno sol, otras prefieren la nieve y el frío.

Si vas a estar fuera del sistema (que es el punto aquí) vas a necesitar acceso al sol y al viento para crear energía para ti mismo. Puedes investigar para determinar qué lugares son los mejores para este propósito en los lugares que te interesa vivir.

Otros aspectos importantes que se deben considerar al determinar la ubicación de tu casa autónoma son la zonificación, los códigos de construcción, las ordenanzas, los convenios y otras restricciones. Realmente no importa dónde o qué tan duro estés buscando, siempre va a haber algún tipo de restricciones, zonificación u ordenanzas de construcción. Si estás buscando evitar esto, es mejor mantenerte alejado de las ciudades más grandes. Aquí es donde tu investigación va a ser útil, así que asegúrate de hacer tu investigación con antelación antes de empacar todas tus pertenencias y dirigirte a tu ubicación ideal. Es mejor elegir una propiedad en la que tengas mínimas restricciones.

Tu propiedad debe tener fácil acceso al lugar donde vas a colocar tu casa en esa propiedad y a carreteras fiables. Ya sea que este acceso sea una carretera pavimentada o un camino de entrada o algún otro tipo de camino para ir y venir a tu casa, es fundamental que conozcas y asegures el acceso antes de comprar la propiedad. Si bien es posible que encuentres la pieza más hermosa de la propiedad, si no puedes acceder a ella, o construir una forma de acceder a ella, entonces no tendrá sentido tratar de vivir allí.

Por supuesto, no olvides la asequibilidad del terreno que deseas. Depende totalmente de ti si quieres o no pedir un préstamo para el terreno perfecto. Yo, personalmente, prefiero ir totalmente fuera del sistema y no estar atado a un banco o cualquier otra institución financiera. Mucha gente no tiene los medios (también conocido como puntuación de crédito) para obtener un préstamo de un banco tradicional. Parte de vivir autónomamente es estar libre de deudas y cortar los lazos con las instituciones tradicionales. Esto se puede hacer comprando directamente del propietario. Cuando se puede hacer esto, generalmente se puede pagar más rápido, ya que tendrás un pago mensual más bajo y una tasa de interés más baja. Puedes negociar tú mismo o utilizar un agente, que es similar a un agente de bienes raíces.

El terreno que compres es lo que te permitirá completar tu nuevo estilo de vida. Encontrar la propiedad perfecta va a tomar tiempo. Va a requerir una investigación. Va a tomar un poco de prueba y error. Va a ser frustrante a veces (o muchas veces), pero vale la pena.

Formulación de tu gran plan

Si vas a llevar un estilo de vida autónomo con un compañero, tu gran plan debe comenzar con una conversación. Ya sea que vayas a vivir con otra persona o no cuando te vayas a vivir fuera del sistema, necesitas determinar el por qué. ¿Por qué quieres o sientes la necesidad de perseguir el estilo de vida autónomo? ¿Es tu amor por la naturaleza? ¿Tu amor por los viajes? ¿Tu anhelo de deshacerte de las instituciones tradicionales? ¿Tu deseo de ahorrar mucho dinero durante tu vida? ¿La capacidad de vivir la vida en tus propios términos? ¿O todo lo anterior?

Una vez que hayas determinado el por qué, puedes empezar a buscar lugares. Esto probablemente te llevará algún tiempo, así que no tengas miedo de comenzar este proceso temprano. Es posible que puedas encontrar tu ubicación ideal en semanas o que te lleve años. ¿Recuerdas el ejercicio que te dije que hice al principio del libro, la visualización de mi día ideal? Quiero que hagas ese ejercicio ahora. ¿Cómo es tu terreno ideal? ¿Cómo son tus actividades diarias? ¿Cómo es tu casa? ¿Cómo son sus finanzas? ¿Cómo te sientes, física y emocionalmente? ¿Cómo es tu vida laboral, etc.?

Además, considera algunos de los aspectos más técnicos como los códigos de construcción, los sistemas de agua y energía, los materiales de construcción, etc.

Una vez que hayas resuelto los aspectos principales de tu espacio físico, ¡comienza a investigar! Ve en línea y busca para ver qué áreas se ajustan a tus criterios. Lee blogs y ve videos de otras personas que ya están viviendo el estilo de vida que quieres vivir. Si hay una cierta área a la que sigues regresando, entonces ve y visítala si es posible. Pasa un tiempo lo más cerca posible de tu ubicación ideal. Visita el lugar en las cuatro estaciones para ver si las condiciones climáticas son algo que puedes manejar, especialmente si vas a buscar un tipo de vivienda que va a ser afectada por los elementos.

Encuentra un agente de bienes raíces o un corredor de bolsa que esté familiarizado con el trabajo con personas que buscan salir del sistema. Trabajar con alguien que tenga experiencia en esta área te ayudará a disminuir tu estrés en la búsqueda de tu propiedad perfecta.

Una vez que hayas determinado el mejor tipo de propiedad para ti, también puedes trabajar en la búsqueda de la mejor vivienda. Es completamente tu preferencia personal, si compras o no un terreno con una casa, o adquieres el terreno y pones una casa en él, no compras ningún terreno y usas una casa a la que puedas mudarte, todo depende de ti. Cualquiera que sea tu elección, debes trabajar en la reducción de tu casa actual y trabajar en las otras cosas que hemos discutido en el capítulo anterior.

Sea cual sea la forma en que hayas elaborado tu gran plan, debes mantener todas tus ideas y planes en un lugar central. Comienza con un cuaderno, un álbum de recortes, una hoja de cálculo, lo que te resulte más conveniente. Aunque podría darte un plan paso a paso de lo que necesitas hacer, hacer esta gran transición de vida es muy personal. Necesitas decidir qué es lo mejor para ti y tu familia.

Resumen del capítulo

Ya hemos determinado que salir del sistema es un compromiso muy grande. Requiere mucha investigación para determinar qué tipo de vivienda es la mejor para ti y tu situación, qué tipo de propiedad funcionará mejor y cómo empezar a formular tu gran plan.

Los diversos tipos de viviendas autónomas incluyen casas pequeñas, casas de campo, cabañas, casas de tierra, casas rodantes y casas flotantes. Hay ventajas y desventajas en cada uno de estos tipos de viviendas, incluyendo cuotas, regulaciones, tamaño, sanidad, movilidad, etc.

Determinar qué tipo de propiedad es la mejor también requiere mucha investigación y tiempo. Aunque hay muchas opciones de terrenos disponibles, debes asegurarte de que tienes fácil acceso al agua dulce y que el terreno es práctico para construir. El terreno también debe estar en el clima que prefieras, la zonificación y la regulación no deben ser demasiado estrictas. Debe ser accesible desde y hacia carreteras fiables e, idealmente, debes tener la flexibilidad de financiar un pedazo de tierra con el propietario.

Cuando se trata de formular tu gran plan, antes de hacer cualquier otra cosa, debes determinar el por qué. ¿Por qué quieres vivir autónomamente? Imagina tu día ideal y tu vida ideal. ¿Y qué hay de ese día que hace que vivir autónomamente sea lo mejor? Visualiza tu vida ideal fuera del sistema y haz un seguimiento de toda tu investigación en un cuaderno u hoja de cálculo.

En el próximo capítulo, vamos a cubrir todas las cosas relacionadas con el uso y consumo de agua en relación con la vida autónoma.

Capítulo Cuatro

Todo lo que necesitas saber sobre el agua

¿Qué necesitan los humanos para sobrevivir?

Uno de los mayores aspectos de la supervivencia es el agua limpia. Mientras que al vivir en la ciudad puedes dar por sentado el agua limpia y corriente, al vivir fuera del sistema es una experiencia completamente diferente cuando se trata de cómo administras tu uso del agua.

En este capítulo, cubriré cómo encontrar y obtener agua de fuentes naturales, lo que es necesario para instalar un pozo de agua, los diversos tipos de sistemas de almacenamiento de agua, qué es un tanque de presión de agua y cómo usar uno y los diferentes tipos de sistemas de filtración y purificación de agua disponibles para diferentes tipos de viviendas.

Fuentes de agua naturales y fiables

En el capítulo anterior, mencioné la búsqueda de una propiedad en la que se tuviera fácil acceso a agua limpia y natural. Si puedes encontrar una propiedad que tenga un arroyo, río, lago, pozo, o un manantial natural, felicitaciones, acabas de hacer una parte de la vida autónoma mucho más fácil. Con este tipo de acceso al agua, nunca debes preocuparte por quedarte sin agua fresca y limpia. Aunque estas formas de agua dulce son bastante sencillas, hay otras formas de recoger y recolectar agua natural que tal vez no hayas considerado, como la recolección de agua de lluvia o las cisternas.

Si aún no tienes acceso a un estanque o río natural, puedes hacer un estanque artificial, si tienes un lote lo suficientemente grande. Todas las fuentes de agua naturales (o artificiales) mencionadas anteriormente pueden utilizarse para hidratar al ganado, regar los cultivos y bañarse. Después de la purificación, el agua de dichas fuentes también puede utilizarse para beber y cocinar.

Si tienes un arroyo o río, puedes utilizar esa fuente para energía hidroeléctrica, así como para beber y bañarte. Puedes fácilmente instalar una bomba en el arroyo para proveer agua directamente a tu vivienda. Debes tener en cuenta el terreno cuando instales una bomba, ya que se necesitará una más fuerte para mover el agua de un arroyo o río cuesta arriba hasta tu propiedad.

Muchas personas que viven autónomamente utilizan el método de recolección de agua de lluvia. Si estás en un área que recibe mucha, o una cantidad normal de lluvia, la recolección de agua de lluvia es una gran opción. Puedes recogerla usando grandes barriles de recolección y filtrar/purificar el agua para tu consumo. Generalmente, los barriles de lluvia están conectados a las canaletas de la vivienda mediante tuberías. Asegúrate de comprobar las ordenanzas locales para asegurarte de que no estás haciendo nada ilegal. Sí, la recogida de agua de lluvia en algunas zonas es ilegal, tonto lo sé.

Instalación de un pozo de agua

Si no tienes acceso a agua dulce a través de un arroyo, río, lago, estanque o manantial, es posible que tengas que perforar tu propio pozo. Aunque son una gran opción, especialmente si te encuentras en un terreno más bajo y más cerca de un nivel freático, pueden ser bastante caros y no hay garantía de que al perforar un pozo tengas acceso al agua. Se requiere investigación para tomar una decisión informada sobre la perforación de un pozo en una propiedad determinada.

Los pozos son excelentes para proporcionar una fuente limpia y consistente de agua libre de químicos. Si deseas utilizar uno como fuente de agua y necesitas perforar, es mejor consultar con tu oficina geológica local antes de comenzar a trabajar. Hay mucho más que se necesita para cavar un pozo que simplemente cavar un hoyo en la tierra y esperar lo mejor (¡Para tu información... NUNCA hagas eso!) Contacta a un perforador de pozos profesional para asegurarte de que estás en el lugar correcto y que las condiciones del suelo son ideales para un pozo.

Cuando perfores, debes determinar si va a ser perforado o hincado. Todo depende de la profundidad a la que se encuentre el agua bajo tierra y de la naturaleza del suelo. La profundidad del agua subterránea también puede variar drásticamente de una región a otra. El agua subterránea puede estar a unos pocos pies bajo la superficie o a cientos de pies bajo la superficie y a través de arena y limo poroso.

Asegúrate de ponerte en contacto con tu compañía local de servicios públicos para asegurarte de que no haya líneas de servicio en tu propiedad que puedan resultar dañadas si comienzas a cavar. También debes determinar si hay cisternas subterráneas, líneas de alcantarillado y sistemas sépticos antiguos en el terreno. Puedes consultar el código de construcción local para determinar si se necesitan permisos.

Sistemas de almacenamiento de agua

Si te encuentras en una situación en la que tienes que acarrear agua de vez en cuando, es imperativo tener un sistema eficiente de almacenamiento de agua. Esto se puede hacer de manera efectiva con una cisterna o un tanque de transporte. Si no tienes acceso a una fuente de agua dulce, es probable que tengas que transportar agua a tu casa o vivienda. Aunque esta no es la opción más económica o sostenible, a veces puede ser la única. También puedes utilizar un sistema de almacenamiento de agua como respaldo en caso de una emergencia. Si estás recolectando agua de lluvia como fuente de agua, es muy importante poder almacenarla.

Los sistemas de almacenamiento de agua pueden mantenerse sobre o bajo tierra. El tipo de sistema que elijas dependerá del clima en el que vivas. Si vives en un clima más cálido que no llega a la congelación, entonces un sistema de almacenamiento por encima de la tierra a menudo funcionará bien. Si vives en climas más fríos, un tanque de almacenamiento bajo tierra es una mejor opción. Se pueden colocar lo suficientemente bajos en el suelo para evitar la congelación del agua y evitar que el tanque se agriete y se dañe.

Los tanques subterráneos también previenen la contaminación del agua. Aunque son más caros, son necesarios para los climas más fríos. También requieren una bomba de agua para extraer el agua de la cisterna.

Los tanques que están sobre el suelo son generalmente considerados como tanques de acarreo de agua. Son más pequeños que los tanques subterráneos y generalmente son portátiles para permitir el transporte de ida y vuelta de la fuente de agua a la vivienda.

Tanques de presión de agua

Los que viven en la ciudad están acostumbrados a tener agua a presión sin tener que pensar en ello. Puedes abrir la ducha y tener un buen chorro de agua a presión para enjuagarte sin tener que pensar en cómo se está presurizando el agua. Si tu propiedad ya tiene un pozo, es probable que ya tenga instalada una bomba eléctrica con la que seguirás teniendo agua a presión cuando lo desees.

Un tanque de presión de agua esencialmente añade energía al agua y la empuja o tira para moverla en una dirección u otra. Cuando el agua es empujada, crea presión. Tener un tanque de este estilo te permite tener agua presurizada por más de un par de segundos creando presión en el agua almacenada.

Primero tienes tu fuente de agua, luego tu bomba para llevar el agua a donde necesita ir. En este caso, cuando tienes un tanque de presión, el agua se bombea al tanque de agua.

El agua del tanque de presión es entonces expulsada a varios grifos y accesorios.

Podrías sacar el tanque de presión y hacer funcionar la bomba las 24 horas del día, pero eso presenta otros problemas. Hacer funcionar una bomba eléctrica de pozo 24/7 consumirá drásticamente tu gasto de energía. Instalar un tanque de presión de agua ayuda a mantener el agua presurizada cuando la bomba no está realmente funcionando. Una vez que la presión del tanque cae por debajo de una cierta cantidad, la bomba se vuelve a encender y comienza a presurizar el agua nuevamente.

Es posible que no necesites un tanque de presión de agua muy grande si tienes una propiedad pequeña y una casa pequeña, por lo general las propiedades más grandes requieren tanques de presión más grandes. Cuanto más grande sea el tanque de presión, menos tiene que funcionar la bomba de agua. Cuanto menos tengas que apagar y encender la bomba de agua, menos energía utilizará. Si no estás completamente fuera del sistema y sigues conectado a una compañía eléctrica, el hecho de tener un tanque de presión más grande te permite tener acceso al agua a pedido en caso de emergencia. Si no estás conectado a la red eléctrica, esto generalmente no es una preocupación ya que la bomba de agua también puede funcionar con un generador.

Filtración y purificación del agua

En cualquier tipo de recolección, debes filtrar y purificar tu agua para asegurar que sea segura para el consumo humano. Filtrar el agua es una opción muy segura y efectiva para asegurar que es segura para beber. Hay filtros comerciales que pueden procesar hasta 15 o más galones de agua por día. Estos filtros a menudo se fabrican con carbón y son capaces de eliminar sustancias dañinas como patógenos, plomo, mercurio, arsénico y otras sustancias químicas potencialmente dañinas.

Si estás tratando de filtrar el agua dentro de toda tu casa, se sugiere instalar un sistema de ósmosis inversa para filtrar el agua que entra y sale. Usando un sistema de ósmosis inversa, puedes obtener agua de gran sabor que es extremadamente limpia y buena para ti. Los sistemas de ósmosis inversa son de muy bajo mantenimiento y son bastante rentables en comparación con tener algo como un servicio de entrega de agua. Se debe hacer un poco más de investigación para la elección del mejor sistema de ósmosis inversa para tu casa y salir del sistema, ya que a menudo los sistemas de ósmosis inversa requieren una mayor presión de agua para funcionar correctamente.

También puedes purificar el agua hirviéndola, filtrándola a través de una tela de quesería, fabricando un filtro de carbón activado para que puedas hacerlo tú mismo, y otros tipos de filtros improvisados para hacer que tu agua sea segura para beber. Aunque los filtros de agua comerciales pueden ser caros y valen la pena, hay muchas maneras de hacer un filtro de agua casero usando objetos que se encuentran en tu hogar. Además, el agua hirviendo no elimina las impurezas, por lo que hervirla sola no es eficaz, es necesario dar el segundo paso de colarla también.

Aunque no es la mejor opción, también puedes usar cloro para purificar el agua, si no tienes otras opciones disponibles para el agua potable limpia. El cloro tampoco deja el mejor sabor, es como el agua de una piscina. Sin embargo, si estás en apuros, siempre es conveniente tener a mano algunas lengüetas de cloro. Sólo asegúrate de dejar que el agua se asiente un poco antes de tragarla para evitar ingerir otros productos químicos adicionales.

Resumen del capítulo

Todos necesitamos agua para sobrevivir y conseguir agua limpia para la propiedad puede ser un desafío para muchos. Si es posible, obtén tu agua de una fuente natural que esté ubicada en tu propiedad, como un arroyo, río, estanque, manantial o pozo. Otras formas de obtener agua natural incluyen la recolección mediante la lluvia y cisternas sobre o bajo tierra.

Cuando planifiques tu fuente de agua también debes considerar tus necesidades. ¿Tienes ganado? ¿Qué tan grandes son los cultivos que planeas plantar? ¿Va a tener que bombear hacia arriba a tu propiedad o casa?

Una de las principales ventajas de tener una fuente de agua natural más grande en tu propiedad, como un estanque o un río, es que también puedes utilizarla para la energía hidroeléctrica. Además de cualquier tipo de fuente de agua que vaya a utilizar, muchas personas que viven fuera de la red también optan por recoger el agua de lluvia para tener una fuente de agua adicional de emergencia.

Si no tienes acceso a fuentes naturales de agua sobre la tierra en tu propiedad, puedes considerar la instalación de un pozo. Aunque esta puede ser una opción más costosa, ofrece una gran fuente constante de agua dulce. Si decides perforar un pozo, asegúrate de contactar a tu oficina geológica local antes de comenzar a cavar para garantizar la seguridad de no golpear ninguna línea subterránea.

Si necesitas transportar agua a tu propiedad ya sea de manera consistente o en ocasiones, necesitarás tener un sistema efectivo de almacenamiento de agua. Dependiendo de la temperatura durante los meses de invierno, puedes utilizar un sistema de almacenamiento sobre o bajo tierra. Si tu propiedad no incluye ya una bomba de agua y un tanque de presión de agua, y si quieres ducharte con alguna presión de agua real, entonces estos son gastos adicionales a considerar.

Una vez más, dependiendo de dónde te abasteces de agua, también debes considerar cómo planeas filtrar y purificar el agua para que sea segura para beber. Esto se puede hacer usando un sistema comercial de filtración de agua como un sistema de ósmosis inversa o un sistema casero. También puedes purificar tu agua hirviéndola y colándola o, como último recurso, añadiendo cloro.

En el próximo capítulo, vamos a tratar sobre lo que hay que hacer con el agua una vez que ya no es potable, lo que se conoce como aguas residuales.

Capítulo Cinco

Manejando los desechos en tu casa: Sistemas de alcantarillado y sépticos

Ahora que hemos cubierto todo lo que necesitas saber sobre cómo hacer llegar cl agua a tu propiedad y filtrarla para que sea segura para el consumo humano, hablemos de lo que le sucede a esa agua cuando ya no es segura. El agua residual no es un tema candente del que verás a muchos otros hablando; sin embargo, es un tema muy importante que no debe ser ignorado.

En este capítulo, vamos a discutir los tipos estándar de tanques de retención, cómo funciona un sistema séptico de distribución de presión y, mi favorito, los inodoros de compostaje. Porque, como todos sabemos, lo que entra tiene que salir... y tiene que ir a alguna parte.

Tanques de retención estándar

Aunque hay algunas personas ahí fuera que no se preocupan por el medio ambiente o la eliminación de sus... desechos, voy a apostar que no quieres añadir nada más a la Tierra que vaya a dañarla. Por eso, aunque no es un tema bonito, el tema del tratamiento y la gestión de las aguas residuales, o aguas negras, es esencial y absolutamente necesario en tu educación sobre la vida autónoma.

La instalación de una fosa séptica es una solución asequible para muchas personas que viven fuera del sistema. Un tanque de almacenamiento estándar se utiliza para almacenar las aguas grises o el agua que se utiliza para lavar la ropa, lavarse las manos y ducharse. Aunque no es probable que vayas a beber esa agua, se puede utilizar para otras cosas en tu casa, como limpiar el inodoro.

Las aguas grises tratadas pueden utilizarse para regar plantas que producen alimentos y otras que no los producen. También puedes utilizar el agua con la que te has lavado las manos para lavar la ropa. En lugar de desperdiciar el agua en un solo uso, trata de usarla varias veces para conservar el agua que tienes.

Cualquier agua que utilices y que se considere agua gris puede ser desviada a un tanque de almacenamiento separado que puede ser conectado a tu inodoro o tratado para otros usos domésticos. La posibilidad de reutilizar las aguas grises es una excelente forma de reducir tu dependencia de las aguas dulces, lo que puede ser especialmente útil cuando estás transportando agua y no tienes acceso a un suministro ilimitado.

Dependiendo del tamaño de tu familia, de la cantidad de agua que utilices y de la cantidad de aguas grises que generes y reutilices, tu fosa séptica debe ser revisada cada pocos años. Una regla general para el mantenimiento de una fosa séptica es de tres a seis años. Esto requiere que una compañía profesional de bombeo séptico entre y bombee el tanque. Los tanques de retención y los tanques sépticos estándar son alimentados por gravedad y no requieren una bomba adicional para mover el agua de un lugar a otro. Si eso es necesario en tu propiedad, requerirá un sistema séptico de distribución de presión.

Sistema Séptico de Distribución de Presión

Si no hay suficiente gravedad para mover las aguas residuales de tu casa a tu sistema séptico, requerirás un sistema séptico de distribución de presión. Estas tienen varias ventajas. Con las fosas sépticas tradicionales, el agua se drena por gravedad. Las aguas negras pueden entonces ser parcialmente filtradas allí y luego continúan fluyendo hacia abajo en una serie de tuberías y eventualmente en un campo de lixiviación. Esto se utiliza además de una fosa séptica para deshacerte de las impurezas y contaminantes en las aguas residuales antes de que salgan de la fosa. Un sistema séptico completo está compuesto por un tanque séptico, un campo de lixiviación y cualquier tubería que vaya junto con el sistema completo.

En segundo lugar, con un sistema alimentado por gravedad, la distribución de las aguas residuales es localizada y se mantiene en un pequeño puñado de lugares. Como la gravedad controla el flujo de agua, a dónde va y cuán rápido llega allí, esto puede llevar a problemas de inundación del

suelo, contaminación de las aguas subterráneas y sobresatu-
ración del área de absorción.

Un sistema séptico de distribución de presión resuelve
estos problemas al eliminar de la ecuación la dependencia de
la gravedad. No reemplaza ninguna parte del sistema séptico,
sino que se agrega a él para hacerlo más eficiente. Si el
campo de lixiviación está localizado cuesta arriba de la fosa
séptica, los sistemas de presión ayudan a empujar el agua
hacia donde necesita ir.

El sistema de distribución de presión incluye un tanque
séptico que funciona para separar los sólidos de los aceites y
del resto de las aguas residuales. Una vez separados los sólidos y los aceites, el resto de las aguas residuales fluyen a
un tanque separado conocido como tanque de dosificación.
El agua pasa a través de un tamiz que elimina los residuos
sólidos restantes. El segundo tanque, el de dosificación,
bombea las aguas residuales al campo de lixiviación. El agua
restante que fluye a través del campo de lixiviación se distri-
buye a través de agujeros en las tuberías y en el suelo para
su eliminación y tratamiento. A diferencia de un tanque séptico alimentado por gravedad, el tanque de dosificación sólo
permite que una cantidad específica de aguas residuales
fluya hacia el campo de lixiviación para prevenir inundacio-
nes y contaminación.

Inodoros de compostaje

¡Los inodoros de compostaje son geniales! Creo que
cada casa, granja, casa rodante, cabaña e incluso apartamento debería tener uno (o dos). Estos pueden variar desde
un balde con algo de aserrín hasta baños composteros bas-

tante elaborados (y costosos). La premisa básica de un sanitario de compostaje es que los sólidos y los líquidos se separen y se eliminen de forma ecológica.

Uno de los mayores beneficios de los sanitarios de compostaje es que no utilizan agua. Aunque hay muchos inodoros de "bajo flujo" en el mercado que disminuyen el uso de agua, en promedio se necesitan de cinco a siete galones para tirar de la cadena de un inodoro. Incluso los inodoros de bajo flujo utilizan casi un galón y medio de agua. Piensa en eso por un minuto. Si descargas el inodoro varias veces al día y hay más de una persona en tu hogar, eso suma una gran cantidad de agua. Sin embargo, con los inodoros de compostaje, la eliminación del uso del agua ahorra mucho dinero y también extiende la vida de tu sistema séptico, lo cual, de nuevo, te ahorra dinero.

La segunda gran ventaja es que los residuos que se producen pueden ser utilizados como abono, de ahí el nombre: inodoro de compostaje. Considerando que los residuos se descomponen de forma natural, pueden ser utilizados en jardines y están libres de patógenos y virus cuando se descomponen completamente.

La preparación y el vertido de los residuos de tu inodoro de compostaje no es nada difícil. Agarra un par de guantes y quita la parte superior del inodoro. Luego puedes usar una bolsa de compostaje para colocar los desechos del mismo. Primero se retira el balde de desechos líquidos y luego se vierte todo el material de la composta en la bolsa. Luego puedes tomar la bolsa de abono con los desechos en ella y eliminarlos en la basura o agregarlos a una pila de abono más grande. Luego sólo hay que rellenar la parte del inodoro donde van los sólidos con más tierra.

Al deshacerte de los líquidos del tanque, puedes verterlos directamente en una alcantarilla, en tu tanque de aguas grises o incluso directamente en el suelo. Dependiendo de tu situación de vida, tirar al suelo puede ser ilegal en algunas áreas, así que asegúrate de verificar (y obedecer) tus ordenanzas locales.

Resumen del capítulo

Aunque muchas personas que viven en la ciudad no piensan mucho en su eliminación de residuos, es un tema muy importante a considerar cuando se sale del sistema.

Si tu sistema séptico va a estar localizado en un nivel más bajo que tu vivienda, entonces un tanque de almacenamiento estándar debería servir. Los tanques de retención estándar contendrán y tratarán las aguas residuales negras. Las aguas grises pueden ser desviadas a un tanque de almacenamiento separado y conectadas a un inodoro que se use para tirar de la cadena o para otras actividades domésticas como el riego de plantas. Los tanques sépticos estándar necesitan ser revisados y bombeados cada pocos años por una compañía profesional de bombeo séptico.

Si no hay suficiente gravedad para mover las aguas residuales a tu sistema de tanque séptico, entonces se sugiere un tanque séptico de distribución de presión. Este ayuda a prevenir la inundación y la contaminación de las aguas residuales en el campo de lixiviación que a menudo se asocia con los sistemas sépticos tradicionales alimentados por gravedad.

Otra gran manera de conservar el agua es usar inodoros de compostaje en tu vivienda. Estos pueden ser usados en casas estándar, casas rodantes, cabinas, y casi cualquier otra casa autónoma (o no autónomas, para el caso). El uso de un inodoro de compostaje puede ayudar a ahorrar una inmensa cantidad de agua y es especialmente útil si no tienes acceso a grandes cantidades de agua dulce de una fuente natural.

Los baños de compostaje son también fáciles de instalar y los desechos son fáciles de eliminar. Los sólidos del contenedor de compostaje dentro del inodoro pueden ser usados en una pila de compostaje más grande y también pueden ser usados para la jardinería o tirados directamente a la basura sin efectos nocivos para el medio ambiente.

En el próximo capítulo, cubriremos todos los tipos de sistemas de energía autónoma, incluyendo las formas de reducir tu consumo.

Capítulo Seis

Todo sobre la energía autónoma

Salir del sistema a menudo se refiere a desconectarte de la compañía de suministro eléctrico local y proporcionar tus propias fuentes de energía. La forma en que se haga esto puede depender en gran medida de dónde se ubique tu casa y qué tipo de recursos naturales estén disponibles para ti.

En este capítulo, voy a cubrir los diversos tipos de sistemas de energía alternativa, cómo utilizar la energía solar, cuándo es mejor utilizar la energía eólica, los pros y los contras de la energía geotérmica, cómo utilizar eficazmente los sistemas de propano e hidroeléctricos, qué es una fuente de energía, y las formas de reducir tu consumo de energía.

Sistemas de energía alternativa

Los sistemas de energía alternativa dependen de fuentes distintas al uso de combustibles fósiles. Estas fuentes ofrecen diversos grados de renovabilidad y un mínimo de contaminantes ambientales. Los propietarios de viviendas están optando por salir del sistema como medio para disminuir sus costos de energía y no tener que depender de las compañías de servicios públicos para sus fuentes de energía.

Aunque hay muchos tipos de sistemas de energía alternativa, los más comunes incluyen la geotérmica, solar, hidráulica y eólica. Dependiendo de tu ubicación, puedes utilizar una de estas fuentes o combinarlas y utilizar varias fuentes juntas.

Energía solar

Cuando se trata de fuentes de energía alternativas residenciales, la energía solar es la más común y conocida. El uso de la energía solar incluye la instalación de paneles solares fotovoltaicos, un inversor y baterías. Este es generalmente el mejor tipo de fuente primaria de energía alternativa para usar, ya que muchas áreas tienen acceso a largos períodos de luz solar. Sin embargo, hay muchos lugares en los meses de invierno que no reciben mucho sol, lo que dificultaría la producción de suficiente energía de los paneles solares en estas áreas.

El uso de la energía solar es una opción de bajo mantenimiento, pero puede costar un poco para empezar. Los paneles solares sólo proporcionan energía cuando el sol brilla o está ligeramente nublado. Puedes comenzar con un kit de energía de paneles solares por tan sólo $5,000.

La energía solar es una gran manera de comenzar a explorar sistemas de energía alternativa, especialmente si eliges vivir fuera del sistema. Esto te permite extraer energía de los paneles solares durante el día y utilizarla cuando está oscuro o nublado. Incluso si no utilizas energía del sistema, una de las mayores ventajas de permanecer conectado es la capacidad de vender tu energía excedente a la compañía eléctrica (más sobre eso en un minuto).

Como dije antes, el sistema de paneles solares está compuesto de tres componentes: los paneles solares, el inversor y la batería. Los paneles solares son los que recogen la energía del sol. Cuando los instales, debes elegir un área de tu propiedad que reciba la mayor cantidad de luz solar, ya sea en el techo de tu casa, en el garaje, en el granero o en un campo abierto.

También existe la opción de instalar un optimizador solar. Aunque no es necesario, ofrece grandes ventajas. La efectividad del sistema de paneles solares está determinada por el panel más débil. Esto significa que, si un panel está sucio o parcialmente sombreado, esto reducirá la eficiencia del resto. La instalación de un optimizador de paneles solares separa esencialmente los paneles solares y optimiza su potencia individualmente. Por lo tanto, si hay pérdida de potencia de un panel, el sistema entero no se ve comprometido. Un optimizador también ayuda a aumentar la vida útil del sistema.

El inversor de potencia es el siguiente componente necesario en el sistema de paneles solares. Su función principal es cambiar la energía del sol por energía que pueda ser utilizada en el día a día. Cuando la energía del sol es recolectada por los paneles solares se le llama corriente directa, el inversor cambia la corriente directa en corriente alterna. La corriente alterna es lo que se utiliza para alimentar tu TV, tu ordenador e incluso tu aire acondicionado. Hay varios tipos diferentes de inversores y varios factores que determinarán cuál es el mejor para tu propiedad. Por ejemplo, un conversor autónomo se utiliza si vives completamente fuera del sistema, mientras que un inversor de respaldo con baterías te permite almacenar energía y enviarla de vuelta.

Una batería de paneles solares ayuda a almacenar la energía producida por los paneles para uso posterior. En lugar de enviar tu energía de vuelta a la red, puedes mantenerla almacenada en la batería para usarla en días nublados o durante la noche. También puede funcionar como una reserva de corto plazo en caso de un corte de energía (si todavía vives dentro del sistema).

Cómo vender tu energía excedente al sistema

Vender tu energía de nuevo al sistema no significa que recibirás un cheque cada mes de tu compañía de servicios públicos (¡aunque eso sería genial!)

Cuando recolectas energía solar y tienes un excedente, esto se conoce como medición de energía neta. Esencialmente, almacenas energía uso posterior. Cuando tienes un excedente de energía, ésta se almacena en la red como crédito. Cuando necesitas extraer energía de la red, ésta utiliza tus créditos en lugar de tener que pagar por ella en el sentido tradicional. Esta es una de las principales ventajas de permanecer conectado.

Sin embargo, tienes que comprobar que tu estado permite esta práctica, como sólo lo hacen actualmente unos 41.

Además de obtener créditos de energía del sistema, también puedes vender energía solar a tus vecinos mediante el comercio de energía entre pares.

También se ofrecen créditos fiscales a las personas que están tomando medidas para que sus hogares sean más sostenibles y eficientes desde el punto de vista energético. Recientemente, el gobierno federal de los Estados Unidos está ofreciendo un crédito de impuesto solar que permite a los instaladores comerciales y residenciales deducir hasta el 30% del costo del sistema de energía solar de sus impuestos federales. Sin embargo, esto puede cambiar de un año a otro, así que asegúrate de estar al día con las últimas ventajas fiscales de la energía solar.

Energía Eólica

Con el uso de la energía eólica necesitas asegurarte de que recibes suficiente viento en tu área para alimentar una turbina residencial. Puedes hacerlo fácilmente contactando con tu servicio meteorológico local y preguntando cuál es la velocidad media del viento en la zona. Cuando averigües la velocidad promedio del viento, podrás calcular la cantidad estimada de energía que se producirá. Sin embargo, ten en cuenta que la velocidad del viento en un lugar específico puede diferir drásticamente del promedio en el área debido a la topografía del lugar.

Las turbinas de viento residenciales generalmente vienen en tres tamaños: 400 vatios, 90 vatios y 10.000 vatios. La turbina de 400 vatios tiene un rotor de cuatro pies de diámetro y se puede utilizar para alimentar algunos aparatos en tu casa. La de 900 vatios es una turbina de siete pies, por la que mucha gente opta ya que no se necesita una tonelada de espacio para instalarla. Por último, los 10.000 vatios son una turbina de 23 pies que se monta en una torre de 100 pies o más alta. Aunque necesitas mucho espacio para esto, puede generar suficiente energía para alimentar toda tu casa.

La energía eólica es ideal para usarla sola o como complemento de la energía solar o de otras fuentes de energía alternativas. Puede ser almacenada en una batería o usada directamente en aplicaciones de bombeo de agua, como para alimentar tu tanque séptico de distribución de presión. La combinación de un sistema de energía eólica, o un sistema híbrido, es especialmente útil cuando vives en un área que no recibe mucho sol en el invierno o que a menudo está nublada (si la combinas con un sistema solar, por supuesto).

También es muy asequible comenzar con la energía eólica, ya que una turbina más pequeña puede costar menos de $1,000. Un sistema híbrido solar y eólico es muy común y estos dos se complementan bien. Ya que no obtendrás mucha energía solar en el invierno o durante el mal tiempo, el viento a menudo aumenta durante tales épocas.

La energía eólica es mucho más limpia y sostenible en comparación con el uso de un generador de gas. Además, sólo se necesitan vientos de cinco a ocho millas por hora para generar energía, lo que realmente no es mucho. Incluso puedes obtener un kit híbrido que tiene todo lo necesario para la energía solar y eólica de tu casa, ya sea completamente fuera del sistema o un kit con conexión. Los sistemas eólicos también son extremadamente de bajo mantenimiento.

Energía geotérmica

La energía geotérmica extrae el calor de la tierra para alimentar tu hogar. Es una especie de energía solar en la que el suelo absorbe alrededor del 40% de la energía del sol en los primeros 500 pies del suelo. Al colocar tuberías en el suelo y hacer circular el agua a través de las tuberías, se transfiere a una unidad dentro de la casa que se ve similar a una caldera para convertirla en calor y agua caliente para usar dentro del hogar.

La energía geotérmica, al igual que otras formas de fuentes de energía alternativa, puede ser utilizada además de otras formas de energía. Mientras que es una de las opciones más caras, generalmente se paga por sí misma dentro de los primeros diez años de instalación. Con el mantenimiento y el cuidado adecuados, puede durar unos buenos 40 a 50 años.

Sistema hidroeléctrico

La instalación de un sistema hidroeléctrico es excelente si tienes una fuente de agua corriente en tu propiedad, como un arroyo. Con la hidroelectricidad, la energía se produce a partir del flujo de agua, que hace girar una turbina en el extremo inferior de donde fluye el agua. Los sistemas hidroeléctricos pueden ser extremadamente rentables y la fuente de energía en sí misma se aprovecha fácilmente.

Por la misma inversión que se hace en paneles eólicos o solares, se puede generar de 10 a 100 veces más energía usando un sistema hidroeléctrico. Si tienes una buena y confiable fuente de energía hidroeléctrica, ésta te producirá energía las 24 horas del día, los 7 días de la semana. Lo cual, a su vez, te proporciona energía autónoma por un tiempo muy largo. Además, debido a que la energía es tan consistente, no necesitarás almacenar la energía en baterías para su uso posterior.

La mayor desventaja de los sistemas de energía hidro-eléctrica es que realmente necesita las condiciones adecuadas en el lugar. Si no hay agua corriente, no hay sistema hidráulico.

Propano

El propano es una opción rentable para calentar tu casa o para cocinar. No sólo es rentable, sino que también genera combustión limpia que está disponible en abundancia. El propano se almacena en tanques sobre el suelo que se rellenan periódicamente y se pueden utilizar para calentar el hogar, la producción de agua caliente, cocinar y muchos otros propósitos. A diferencia de las alternativas de quema de madera, no tienes que preocuparte por pasar horas cortando leña o por los potenciales riesgos de incendio de los aparatos de quema de madera.

El propano, al igual que otras formas de energía alternativa, puede utilizarse en combinación con otras fuentes de energía. Cuesta alrededor de un 30% menos instalar un calentador de agua a propano que un calentador de agua eléctrico estándar. También hay calentadores de agua sin tanque, de propano, que ayudan a producir hasta un 60% menos de emisiones de carbono que los calentadores tradicionales. Las unidades sin tanque también consumen menos energía para calentar el agua para su uso.

El propano también es una gran fuente para hacer funcionar tus electrodomésticos. Puedes usar el propano para alimentar una estufa o un horno, además de una batería para encender la chispa que pone en marcha las cosas. Incluso hay aparatos que puedes comprar y que sólo requieren propano para funcionar sin el uso adicional de electricidad. Algunos de los otros tipos de aparatos que pueden funcionar con propano fuera del sistema son los refrigeradores, calentadores, parrillas, congeladores y secadoras de ropa. También puedes invertir en un generador de propano para tenerlo a mano en caso de cualquier tipo de escasez de energía.

Centrales eléctricas

Las centrales eléctricas se utilizan principalmente para la energía solar y eólica. Cuando generalmente tendrías paneles solares conectados directamente a la casa, una central eléctrica te permite mantener todos los componentes necesarios de un sistema de generación de energía solar o eólica lejos de tu casa y fuera de ella. Podrías considerar una "central eléctrica" si no tienes una casa muy grande para colocar los paneles solares o no tienes un sótano para almacenar ciertos componentes.

La energía se recoge y almacena utilizando la central eléctrica. Luego es llevada a la vivienda a través de tuberías subterráneas. La central eléctrica se conecta a un interruptor de circuito dentro de la casa para controlar la energía.

Reducción del consumo de energía

Hay algunas cosas muy simples y básicas que puedes hacer para reducir tu consumo de energía, estés o no fuera del sistema. Probablemente ya has oído hablar de las cosas básicas como apagar las luces cuando no estás en la habitación, apagar y desenchufar los aparatos eléctricos cuando no los usas y así sucesivamente. Pero, ¿cuáles son algunas de las cosas que puedes hacer específicamente para reducir tu consumo de energía?

Mientras vives de forma autónoma, probablemente seas un poco más consciente de tus gastos de energía. Si utilizas demasiada energía mientras vives en el sistema, la única consecuencia es una factura de energía más alta. Si usas demasiada energía mientras vives autónomamente, especialmente si estás completamente desconectado de la energía de la red, podría resultar en un apagón total hasta que haya más disponible de tu fuente.

El uso de luces LED es una gran manera de ahorrar en el uso de la energía en tu hogar. También puedes invertir en algunos dispositivos domésticos inteligentes y automatizados para ayudar a apagar las luces y los electrodomésticos si te cuesta recordar hacerlo. Y, por supuesto, siempre apaga las luces cuando no las estés usando. El lugar donde coloques las luces también puede tener un gran efecto en tu uso de la energía. También puedes utilizar las paredes de tu casa para reflejar la luz.

Utiliza la iluminación natural a tu favor, no sólo con el uso de sistemas de energía solar, sino también con sólo obtener más luz natural en tu casa. También puedes utilizar la iluminación natural y el sol para calentar tu hogar.

La calefacción y la refrigeración de tu vivienda pueden utilizar una gran cantidad de tus fuentes de energía. Mantener las ventanas abiertas en el verano puede ayudar a mantener tu casa fresca. Si estás construyendo tu hogar, la colocación de las ventanas puede ser un factor muy importante a considerar. ¿En qué dirección brilla el sol? ¿Dónde puedes obtener la mejor brisa? Y así sucesivamente.

También puedes usar una chimenea de leña para calentar tu casa durante los meses más fríos. Una estufa de leña también es una opción, pero requiere tener la disponibilidad de leña y mucho trabajo manual para dividir los troncos.

Asegurarse de que tu casa esté debidamente aislada también puede reducir en gran medida el gasto de energía para calentarla y enfriarla. Un buen sistema de instalación puede ahorrar hasta un 40% a 50% en los costos de energía, o en este caso, reservas. Una instalación adecuada también puede ayudar a evitar la condensación en la casa que inhibe el crecimiento de peligrosos mohos.

Los electrodomésticos pueden ser una gran pérdida de energía y tienden a utilizar mucha más energía que las luces. Asegúrate de desenchufarlos cuando no los estés usando. Esto no sólo significa apagar el televisor o el ordenador, sino también desenchufarlo completamente. Los electrodomésticos siguen consumiendo energía cuando están enchufados, aunque no los estés utilizando activamente.

Si estás utilizando una fuente de alimentación de CC (corriente continua), como lo discutimos anteriormente, como un sistema de energía solar, entonces opta por más dispositivos alimentados con CC, esto ayudará a eliminar la necesidad de inversores de energía.

Resumen del capítulo

Aunque hay varios tipos diferentes de fuentes de energía que puedes utilizar cuando te sales del sistema, la que elijas dependerá en gran medida de los recursos naturales de los que dispongas. La energía solar es una opción muy popular, pero puede ser costosa para empezar en una gran propiedad y la producción de energía disminuye cuando no hay mucha luz solar disponible. La energía solar es un gran complemento para usar con otros sistemas y puedes almacenar mucho exceso de energía en baterías. La energía solar también se puede utilizar en casi cualquier lugar, mientras que otras formas de energía alternativa necesitan recursos naturales específicos.

La energía eólica es un gran complemento de la energía solar. Es muy barata para empezar y una pequeña turbina puede proporcionar una buena cantidad de energía. Sin embargo, si necesitas más, una turbina mucho más grande va a requerir mucho espacio y dinero para empezar.

La energía geotérmica se basa en el calor de la tierra y lo utiliza para calentar una vivienda. También se puede utilizar además de otras formas de energía alternativa y se puede usar en casi cualquier lugar. Sin embargo, puede ser costoso instalar todo.

La energía hidroeléctrica es una gran opción si tienes agua corriente fresca en tu propiedad, como un río o un arroyo. La energía hidroeléctrica es genial porque funciona 24/7 y es muy asequible para empezar. La mayor desventaja es poder encontrar una propiedad que tenga agua corriente para utilizar la energía hidroeléctrica.

El propano es un combustible muy rentable, fácilmente disponible y de combustión limpia. Al igual que otras fuentes de energía alternativa, se puede combinar con otras. El propano es excelente para cocinar y calentar tu casa.

Puedes utilizar una fuente de energía, que esté ubicada lejos de tu casa, para alojar paneles solares, tuberías y otros componentes de tu sistema de energía alternativa. Esto es útil si no quieres paneles solares directamente en tu casa o si no es lo suficientemente grande como para colocar los paneles.

Puedes reducir fácilmente tu consumo de energía mediante la aplicación de varios hábitos de ahorro de energía, incluyendo:

- Apagar las luces cuando no estás en la habitación

- Desenchufar todos los aparatos electrónicos cuando no están en uso

- Uso de bombillas LED

- Aprovechar la luz natural a tu favor

- Asegurarte de que tu casa esté bien aislada

- Uso de electrodomésticos de bajo consumo

- Cambio a aparatos con alimentación de corriente continua

En el próximo capítulo, hablaremos de cómo mantenerse en contacto con el mundo exterior mientras se vive fuera del sistema.

Capítulo Siete

Comunicación con el mundo exterior

L a gente parece tener la idea equivocada de que, si vives fuera del sistema, no puedes tener ninguna conexión con el mundo exterior.

Cuando escuchaba el término "fuera del sistema", me imaginaba a este anciano con excesivo vello facial viviendo en su destartalada cabaña, bebiendo el café que hacía sobre su estufa de leña mientras leía periódicos que tenían décadas de antigüedad porque estaba muy desconectado del mundo exterior.

Escúchame en esto...

Puedes vivir fuera del sistema y seguir conectado.

Especialmente si planeas ganarte la vida mientras vives autónomamente que no requiere que dejes tu pequeño pedazo de paraíso y te desplaces a un trabajo de 9 a 5 en la ciudad. Si vivir autónomamente significa que no puedes mantenerte conectado, no sería posible para muchas personas ya que trabajan desde casa y dependen de estar conectados en línea.

Puedes seguir conectado al mundo exterior mientras vives fuera del sistema a través de teléfonos celulares, Internet y televisión satelital. Incluso puedes utilizar amplificadores de señal para no tener que volver a la edad de piedra de la conexión telefónica a Internet.

Teléfonos celulares

Aunque la mayoría de los días prefiero no estar en mi teléfono celular, es agradable tener que estar conectado con mis amigos y familia. Para aclarar esto de inmediato, sólo porque puedas obtener el servicio de Internet en un lugar no significa que también puedas obtener el servicio de teléfono celular. Aunque no hay garantías de que puedas obtener señal telefónica en cualquier lugar, ni que no tengas que estar afuera sosteniendo una antena cuando hagas una llamada, hay opciones para los que están fuera del sistema que se encuentran en lugares bastante remotos.

Si no tienes señal de teléfono celular en el lugar donde te encuentras, puedes considerar la posibilidad de obtener un amplificador de señal. La mayoría de los amplificadores de pueden obtener barras completas con el servicio 4G. Estos deberían hacer que funcionen mejor los teléfonos y los dispositivos celulares, como tabletas, puntos de acceso y computadoras portátiles. Un amplificador de señal para teléfonos celulares tampoco está restringido por tu proveedor de servicio y es muy fácil de instalar. Aún mejor, no hay cuotas mensuales y no hay necesidad de conectarte a tu Wifi. Incluso puedes utilizar los amplificadores de señal de teléfonos celulares para automóviles, vehículos recreativos, botes y otros vehículos móviles.

Simplemente haz una búsqueda en Internet de "amplificadores de señal para teléfonos celulares" para encontrar uno que se adapte a tus necesidades y presupuesto.

Opciones de Internet

Hay varias maneras diferentes de llevar el Internet a tu casa fuera del sistema. El tipo que funcionará mejor para ti y la intensidad de la señal que puedes obtener dependerá en gran medida de tu ubicación.

Internet por satélite

Una de las soluciones más comunes para el Internet fuera del sistema es vía satélite. Aunque el internet satelital no va a ser tan rápido como el internet tradicional que obtendrías en la ciudad, sigue siendo mejor que la conexión telefónica y ciertamente mejor que nada. Tener internct satelital es realmente asombroso, pero no entres en él con expectativas poco realistas.

Después de todo, tu señal está siendo enviada al espacio y de vuelta, es un camino muy largo. Hay opciones de internet satelital que están utilizando una gran tecnología para ayudar a darte velocidades más rápidas. Las velocidades más comunes de internet por satélite son 25 Mbps para descargas y 3 Mbps para subidas, lo que sigue siendo suficiente para transmitir música y películas. También puedes usar Wifi mientras usas el internet por satélite, lo cual es genial si quieres usar una laptop, tableta o cualquier otro dispositivo inalámbrico.

Usa tu teléfono celular

Si estas en un lugar en el que obtienes un servicio de telefonía celular bastante bueno, ciertamente puedes utilizar tu teléfono para muchas aplicaciones. Aunque no te lo sugeriría para escribir un libro (créeme que lo he intentado, no es muy fácil), puedes usarlo para muchas otras cosas como pagar cuentas (si tienes alguna), transmitir música y películas, y conectarte con amigos y familiares. Diablos, yo conozco gente que vive en el sistema y sólo usan sus teléfonos celulares para todas sus necesidades de Internet.

Si solo necesitas conectarte al internet usando una computadora de vez en cuando, puedes seguir usando tu teléfono celular. Simplemente conecta tu computadora portátil al punto de acceso de tu teléfono y ya puedes empezar. A menudo la velocidad que viene será un poco más lenta pero aun así debería ser manejable. Usar una conexión telefónica a menudo no es un gran problema si tienes un plan ilimitado en tu teléfono celular, sólo tienes que ser consciente de las limitaciones de tu plan, porque siendo realistas, ilimitado no significa realmente ilimitado.

Amplificadores para el teléfono celular

Mencioné los amplificadores de teléfonos celulares en la sección anterior para obtener un servicio celular confiable. También puedes usarlo para obtener internet inalámbrico a través de un proveedor de telefonía celular. Conectándote al proveedor puedes obtener internet 3G o 4G tal como lo harías en un teléfono celular. Lo bueno de los amplificadores es que no tienes que pagar una cuota mensual extra por el servicio de internet, así que puedes salirte con la tuya pagando una sola factura a una compañía de telefonía celular.

Banda ancha inalámbrica fija

Esta es una gran opción para las comunidades rurales. Este tipo de internet no pasa por un proveedor de telefonía celular o un satélite, sino que utiliza ondas de radio de antena. Cuando te suscribes al servicio de banda ancha inalámbrica fija, que es operado por empresas privadas con antenas en las zonas rurales, te conectas a la antena anfitriona a través de las ondas de radio de una antena que está instalada en tu propiedad. Lo más importante es que cada antena debe tener una línea de vista con cada una de las otras. La señal de tu antena correrá a un enrutador Wifi a tu casa y recibirás el Internet. Aunque esta es una de las opciones más lentas, es una opción confiable.

Internet gratis

Si no estás decidido a tener Internet directamente en tu casa, siempre puedes usar Internet gratuito en lugares públicos como cafeterías y restaurantes. Yo solía hacer esto todo el tiempo cuando empecé mi estilo de vida autónomo. Programaba algunas horas de trabajo en una cafetería de la ciudad más cercana. Aunque fue un poco molesto no tener internet a pedido, me ahorró mucho dinero al principio.

Planes de membresía ilimitada

Hay una compañía terciaria, llamada Unlimitedville, que compra grandes cantidades de datos de los cuatro principales proveedores de telefonía celular y vende datos ilimitados a los clientes a través de un plan de membresía. Esta es una gran opción para los planes ilimitados que es confiable y proporciona un acceso a Internet verdaderamente ilimitado. Con este plan no tienes que preocuparte por los límites de datos o problemas de clima como lo harías con un proveedor de satélite.

Televisión por satélite

Si ya tienes servicio de Internet en tu casa, entonces puedes usar fácilmente los servicios de transmisión inalámbrico para ver la televisión. También puedes obtener el servicio a través de la televisión satelital como lo harías con el servicio de Internet. O, puedes ir a la vieja escuela y simplemente comprar las películas que quieres ver.

Si decides que te gustaría pagar para ver la televisión, hay muchos servicios diferentes de televisión por satélite disponibles. Sólo recuerde que se necesita electricidad para hacer funcionar la televisión como cualquier otro aparato.

Potenciadores de señal

Como mencioné en la sección de teléfonos celulares, el uso de amplificadores de señal para ayudar a obtener el servicio de teléfono celular e Internet inalámbrico en tu propiedad cuando de otra manera no hubieras podido obtener un servicio confiable (o cualquier otro), es una gran opción.

Los amplificadores de señal pueden ser usados en una casa de campo, casa rodante, cabina, o incluso en una casa flotante. Incluso puedes usarlos mientras acampas o vas de excursión. Son dispositivos pequeños y portátiles que pueden amplificar la señal de varios teléfonos, simultáneamente dentro de un área cercana. Muchos amplificadores funcionan con todos los principales proveedores de servicios celulares y te darán el servicio 4G.

Si viajas en casa rodante o vives en una casa que a menudo está en movimiento, los amplificadores son una gran opción. Puedes instalarlos fácilmente en tu casa o vehículo (o ambos) en menos de 30 minutos.

El amplificador de señal funciona tomando la señal desde el exterior, amplificándola y retransmitiéndola dentro de tu vehículo o vivienda. Esto te permite estar más lejos de las torres celulares sin perder tu conexión.

Resumen del capítulo

Vivir fuera del sistema no significa que tengas que ser un ermitaño del mundo exterior. Puedes disfrutar de la independencia de vivir autónomamente, mientras sigues disfrutando de los modernos placeres de Internet, teléfonos celulares y televisores.

Si no puedes obtener una buena recepción de teléfono celular, el uso de un amplificador de señal puede ayudarte a mantenerte conectado a tus amigos y familiares, así como ofrecer un servicio fiable de Internet inalámbrico. Puedes obtener Internet a través de tu teléfono celular, un proveedor de Internet por satélite o un servicio de banda ancha inalámbrica fija. Tus necesidades de televisión pueden ser satisfechas a través de la televisión satelital, la transmisión de películas y programas a través de tu servicio de Internet, o simplemente comprando DVD.

El uso de un amplificador de señal es ideal para cualquier tipo de vivienda, ya sea móvil, como una casa rodante, o una propiedad más grande como una casa. Lo que esté disponible dependerá en gran medida del lugar donde te encuentres. Investiga de antemano para saber qué servicios están disponibles en tu ubicación ideal.

En el próximo capítulo, revisaremos cómo crear un sistema alimentario autosuficiente para tu estilo de vida autónomo.

Capítulo Ocho

Fuentes de alimentos sostenibles

¡Todos necesitamos comer!

En mi opinión, una de las mejores cosas de estar fuera del sistema es el factor de sostenibilidad. Realmente no importa lo que está pasando fuera de mi pequeño pedazo de paraíso, sé que me estoy cuidando y que puedo mantener mi estilo de vida.

Con todo lo que está sucediendo en el mundo, ¡las fuentes de alimentos sostenibles son tan importantes! No hay nada como tener una comida hecha con alimentos que has cultivado, criado o capturado.

En este capítulo, vamos a echar un vistazo a la agricultura y a la agricultura casera, a un ecosistema autosostenible, a cómo se pueden conservar los alimentos, así como a la caza y la pesca.

La agricultura y la agricultura casera

Tómate un minuto para pensar en cómo era la vida antes de que las cadenas de comida rápida se alinearan en las calles principales del mundo; antes de que pudieras llamar y pedir comida y que te entregaran los comestibles en tu puerta; antes de que hubiera máquinas expendedoras y cafeterías en cada esquina.

La gente tenía que planear, tenía que cultivar, tenía que cosechar, tenía que cazar y recolectar.

Aunque vivir fuera del sistema no significa que no puedas correr a la tienda de comestibles cuando necesites algo. Se trata de ser más consciente de dónde vienen los alimentos, cómo se hacen y cómo se procesan. La mayoría de las personas que viven autónomamente optan por utilizar sus propias fuentes de alimentos sostenibles. Puedes cultivar, cosechar y cazar/pescar casi todo lo que puedas necesitar.

Para crear una fuente de alimentos autosuficiente, debes ser capaz de cultivar y cosechar en tu casa o criar ganado como tus principales fuentes de alimentos. No necesitas una tonelada de tierra para hacer esto. Puedes cultivar todos los alimentos que necesitas en tan sólo medio acre de tierra. La agricultura sustentable es la práctica de cultivar todos los alimentos que tu familia y tú necesitarán para sobrevivir, siendo los cultivos y el ganado las principales fuentes de alimentos.

Por naturaleza, las granjas domésticas son generalmente orgánicas. Muchas de ellas practican la agricultura por turnos. Esta es una técnica en la cual cultivas en un pedazo de tierra, luego cambias tus prácticas agrícolas a otro pedazo de tierra para que el primer pedazo de tierra tenga tiempo de recuperarse a su estado natural y tenga tiempo para descansar. Esto también se puede hacer en parcelas más pequeñas.

Dependiendo de la cantidad de tierra que tengas que usar para la agricultura, puedes cultivar una tonelada de alimentos, incluso en espacios más pequeños. Lo que cultives para la alimentación dependerá de lo que tu familia disfrute comiendo. Hay algunos alimentos básicos comunes que deberías considerar cultivar. Algunos de estos, como los frijoles, se pueden secar o pueden almacenarse durante largos períodos de tiempo. Algunos de los alimentos básicos comunes que cultivan los granjeros son:

- Vegetales, lechuga, espinaca, etc.

- Zanahorias

- Cebollas

- Frijoles

- Guisantes y otras legumbres

- Patatas

- Tomates

- Maíz

- Hierbas y plantas medicinales

- Remolacha

- Pimientos

- Pepinos

- Árboles frutales y/o de frutos secos

- Arbustos frutales, como las bayas

Muchos de estos alimentos pueden ser enlatados y almacenados para su uso durante el invierno. O bien, puedes continuar su cultivo en un invernadero cuando hace demasiado frío afuera. Conozco gente que produce cosechas vibrantes y saludables durante el invierno en los estados del norte y en Canadá. Todo se reduce a ensayo y error y planificación.

Lo que cultivas también puede depender de tu ubicación. Las cosas de naturaleza más tropical estarán mejor en lugares con calor durante todo el año. Aunque no es imposible cultivar alimentos tropicales en el norte, de nuevo, aquí es donde un invernadero es útil.

El ganado es también una gran opción para alimentar a tu familia. Se necesita un poco más de dinero y planificación para incluir el ganado en tu finca, pero vale la pena. Puede incluir animales que eventualmente sacrificarás y usarás para carne o que usarás para producir alimentos, vacas para leche, pollos para huevos, y así sucesivamente. Algunos de los animales más comunes para las granjas incluyen:

- Vacas

- Cerdos

- Pollos

- Cabras

- Patos

- Conejos

Lo maravilloso del ganado es que puedes empezar a criarlo. Esto significa que tu inversión puede ser un poco más directa, pero si tienes ganado que sigues criando, entonces esencialmente tienes un suministro de alimentos interminable. Sin embargo, hay un poco de curva de aprendizaje con algunos animales, especialmente si estás considerando la posibilidad de criarlos, así que asegúrate de investigar antes de juntar algunos animales y esperar que hagan más ganado para ti.

Tener vacas o cabras lecheras también puede producir leche, queso y otros subproductos lácteos. La fabricación de queso es un pasatiempo divertido y puede ser muy lucrativo si decides vender tus productos en un mercado de granjeros. Con el acceso a la leche fresca puedes hacer requesón, mozzarella, crema agria, queso campesino, mascarpone, crema espesa, ricota y muchos más. Muchos de estos son muy fáciles y divertidos de hacer.

Si utilizas el ganado como carne, puedes sacrificarlo tú mismo (o llevarlo a un carnicero) y congelar o cortar la carne para utilizarla durante todo el año. En promedio, un novillo que pesa 1,000 libras rendirá alrededor de 430 libras de carne. Eso es suficiente, incluso para alimentar a una familia grande.

Además, cuando estás cultivando y criando tu propio alimento, sabes de dónde viene y qué es lo que va a entrar en tu cuerpo. No tienes que preocuparte por consumir carne que ha sido llenada con hormonas o vegetales que han sido rociados con pesticidas. Esto no sólo equivale a un medio ambiente más saludable, sino que también equivale a una persona más saludable. Además, tu ganado, tus frutas y verduras pueden ayudar a alimentar unos a otros. Tus animales pueden fertilizar tus plantas y cualquier exceso de plantas que produzcas, o desechos que normalmente tirarías, pueden alimentar a tus animales. Es una hermosa relación simbiótica.

Luego están las abejas y la miel.

La apicultura es un gran pasatiempo, excelente para tus prácticas agrícolas, excelente para el medio ambiente en conjunto, y por supuesto, la miel y otros beneficios de la apicultura son encantadores. La apicultura puede producir miel (la mejor que hayas probado), cera de abejas, que es excelente para hacer velas y también para hacer productos cosméticos naturales, y propóleo, que tiene algunos beneficios medicinales increíbles.

Aunque la apicultura puede ser un poco intimidante cuando se empieza a practicar, hay muchos recursos disponibles en línea donde se pueden obtener kits completos para empezar a practicar por un precio muy asequible. Sin embargo, la apicultura es un compromiso. Hay mucho que aprender sobre las abejas para tener éxito con ellas.

Con la agricultura, el ganado y la apicultura, lo que sea que produzcas en exceso, lo puedes vender en los mercados de agricultores locales para ganar algo de dinero para mantener tu granja en funcionamiento. A la gente le encanta comprar miel local y está dispuesta a pagar precios más altos por alimentos de alta calidad que son criados éticamente.

Conservando y preservando los alimentos

A menos que puedas cultivar todo el año y sólo estés produciendo la cantidad exacta de alimentos que necesitas, vas a tener que poder o conservar tu cosecha. Puedes enlatar fácilmente los alimentos colocándolos en un frasco y utilizando un envasador a presión o un baño de agua.

Si bien congelar los productos es ciertamente una opción y podría ser mejor para algunos tipos de productos que para otros, muchas personas prefieren enlatar los alimentos por varias razones.

El enlatado de alimentos proporciona un espacio de almacenamiento flexible. No tienes que preocuparte por tratar de que todo quepa en tu congelador, puedes mover fácilmente los alimentos enlatados de un lado a otro. ¡Sin mencionar que son excelentes para compartir!

Uno de los mayores atractivos de enlatar tu cosecha es que una vez que lo haces no continúas utilizando tus recursos energéticos como lo harían los alimentos congelados. Si alguna vez experimentas un corte de energía, no tienes que preocuparte de que todos tus alimentos congelados se echen a perder.

Los alimentos enlatados también son muy fáciles de usar. No tienes que preocuparte por sacar algo del congelador y descongelarlo antes si es enlatado, simplemente abre el frasco. Los alimentos enlatados también tienden a saber mejor y conservan una mayor cantidad de nutrientes.

Además, generan menos residuos. No estás almacenando tus alimentos en grandes bolsas de plástico para el congelador. Estás almacenando tus alimentos en frascos de vidrio reutilizables. Una vez que hayas usado el artículo, puedes limpiar el frasco y reutilizarlo.

Usando un baño de agua, puedes usar el método antiguo, que sólo requiere una olla grande, algo de agua, un quemador y tarros de vidrio sellables, a menudo artículos que la gente ya tiene a mano. Sin mencionar que los alimentos enlatados pueden durar mucho tiempo. Si bien se recomienda que los alimentos enlatados en casa se consuman dentro del año siguiente a su conservación, algunos alimentos pueden durar incluso más tiempo.

También se pueden cultivar alimentos que no necesitan ser procesados de ninguna manera para conservarlos. Las verduras como la col rizada, la col, las coles de Bruselas y el repollo son buenas para permanecer en el suelo casi hasta que se cubren de nieve. Aunque estas verduras pueden no ser muy buenas para comer crudas una vez que se enfrían, siguen siendo muy buenas para cocinar, sin mencionar que están llenas de nutrientes. Las verduras como zanahorias, papas, batatas, calabazas, cebollas, puerros, calabaza de invierno, chirivías, rábanos, remolachas, ajo, y prácticamente cualquier raíz durará mucho tiempo en una cámara frigorífica como un sótano de raíz.

Caza

Si tienes una parcela de tierra suficientemente grande en la que puedes cazar, esto te abrirá otra fuente de alimento sostenible. Mientras que para muchos la caza es un pasatiempo y una diversión (conocida como caza deportiva), aquellos que viven fuera del sistema utilizan la caza como una fuente de alimento confiable para proveer a sus familias.

La caza silvestre puede incluir pavo, venado, codorniz, zorro, conejo, pato y otros animales de caza silvestre nativos del área. Si usted no eres un cazador por naturaleza, puede tomar algún tiempo para aprender a hacerlo correctamente. No se puede entrar en el bosque con un arma de fuego o un arco y flecha y esperar traer la cena a casa si nunca lo has hecho antes.

Primero que nada, verifica con las ordenanzas locales si necesitas algún tipo de permiso o licencia para cazar o pescar en tu propia tierra. En segundo lugar, comprueba si se requieren permisos de seguridad de cazador (lo que deberías hacer de todos modos si nunca has cazado antes).

Hay varias tácticas y prácticas que puedes utilizar para sacar el máximo provecho de tu aventura de caza. El cebo para ciervos, por ejemplo, puede ser maíz, mantequilla de maní, remolacha azucarera, sal, bellotas y vegetales. Cebar es la práctica de colocar el cebo alrededor de la fuente de alimento natural del animal. Esto se hace generalmente en un área abierta donde se puede matar efectivamente al animal.

La práctica de la batida es algo que se ve a menudo en las películas, pero es una técnica muy antigua. A menudo se requiere un grupo de cazadores, uno que haga crujir algunos arbustos o junte las ramas para asustar al animal para que salga de su escondite. Entonces el segundo cazador atrapa o dispara al animal.

El llamado de animales es otro método popular que es usado por cazadores y hacendados por igual. Los llamados de caza son dispositivos hechos por el hombre que parecen un pequeño instrumento. El sonido que sale depende del animal que se está cazando, hay diferentes tipos de llamadas para muchos tipos diferentes de animales. A menudo se utiliza una llamada además de otras técnicas de caza.

El acecho y el rastreo son dos de los métodos de caza más antiguos que fueron perfeccionados por nuestros antepasados. Estos métodos requieren mucha habilidad y conocimiento sobre el animal. El cazador debe utilizar el entorno natural, como árboles, ramas, barro y agua para determinar hacia dónde se mueve el animal, rastrearlo y matarlo.

Para presas más pequeñas, el atraparlas es una opción genial y de baja energía. Compra algunas trampas, o si eres realmente ambicioso puedes hacer algunas, colócalas donde están los animales, y espera. Revísalas al día siguiente, si tienes un animal atrapado, obtuviste tu cena. Aunque esto es genial para cosas como conejos, atrapar ciervos puede ser un poco más difícil.

Los perros de caza entrenados también pueden usarse para ayudar a sacar la presa o recuperarla durante una cacería. Las razas de perros como los pointers, retrievers, spaniels, sabuesos y pitbulls son tanto grandes compañeros como grandes perros de caza.

Pesca

Si tienes acceso a un arroyo o río de agua dulce en tu propiedad, tienes lo mejor de ambos mundos, ¡acceso a energía hidroeléctrica ilimitada y peces! A diferencia de la curva de aprendizaje y el trabajo manual que implica la caza de tu alimento, la pesca, en comparación, es bastante fácil. Es en realidad una de las prácticas de abastecimiento de alimentos sostenibles y autónomas más comunes en el mundo. El pescado es también uno de los alimentos más saludables ya que está lleno de vitaminas, minerales y grasas saludables.

No se necesita un gran barco de lujo o un montón de equipos caros para obtener una gran cantidad de pescado. La pesca artesanal es lo opuesto a la pesca industrial. Es una operación a pequeña escala que a menudo se utiliza para la alimentación de una familia o una pequeña comunidad.

Mientras que a menudo la gente piensa que la pesca es sentarse en un barco durante horas y capturar tal vez unos pocos peces pequeños, hay muchas maneras de pescar para alimentar tu hogar. Por supuesto, existe el método tradicional de la caña de pescar, que utiliza un anzuelo, un aparejo y un cebo. Simplemente tiras la línea y esperas a que el pez muerda. Si bien esto puede estar bien si sólo alimentas a una o dos personas, no es realmente un método sostenible para alimentar a una familia más grande. A menos, por supuesto, que tengas un estanque lleno de peces o un arroyo con peces esperando para saltar a la sartén.

El método de la red puede ser muy efectivo para capturar muchos peces a la vez. Este método requiere al menos dos personas. La "bolsa" es una red con un hilo que la atraviesa. ¡Los pescadores se sumergen en el agua y esperan a que un gran grupo de peces nade dentro de la bolsa y luego levantan rápidamente la cuerda para crear una "bolsa" llena de pescado fresco! Este es un método muy efectivo para usar en un río o arroyo con aguas menos profundas, no demasiado profundas para pararse en ellas.

Las redes de enmalle son similares a las redes de cerco, pero se usan para aguas más profundas y a menudo se ensartan entre dos barcos. Aunque puede ser muy eficaz para capturar muchos peces, no es muy práctico para una casa más pequeña. Estas redes también pueden atrapar y dañar especies como las tortugas en aguas dulces y saladas y los mamíferos marinos en los mares.

Las trampas son ideales para usar en el agua del océano para capturar langostas y cangrejos, ya que se pueden colocar en el fondo del océano. Las trampas también pueden utilizarse en lagos y estanques para capturar especies más pequeñas de peces o mariscos, como los langostinos.

Aunque no vivas en un cuerpo de agua dulce o salada, puedes tener acceso al pescado fresco a través de un sistema de acuicultura. Se trata de un gran tanque de agua en el que se cultivan peces, por lo que nunca tendrás que preocuparte de que se agoten.

Planificación de la comida

Con la abundancia de alimentos que producirás y capturarás, la planificación de las comidas es muy importante. Simplemente no puedes correr a la tienda de la esquina para comprar una pizza congelada si no te queda nada de comida. Además, no vas a querer que se desperdicie ningún alimento. La planificación de comidas mientras se vive fuera del sistema es muy similar a la planificación en el sentido tradicional en que necesitas planear tus alimentos, reunir tus ingredientes, preparar tus comidas y comerlas.

Una de las mayores diferencias es que planificas tus comidas basándote en los alimentos que estás produciendo en tu ubicación autónoma. Por ejemplo, si has sacrificado recientemente un cerdo, entonces incluirás muchas recetas con cerdo. La planificación de comidas fuera del sistema también tiene mucho que ver con la comida de temporada. Aunque probablemente conserves y puedas conservar varias frutas y verduras, la mayoría que consumas serán de temporada. Por ejemplo, no vas a estar planeando una comida con fresas frescas en medio del invierno de Wisconsin. Aunque algo con fresas congeladas o mermelada de fresa estaría bien.

Comer según la estación tiene muchos beneficios ya que así es como comían nuestros antepasados. Mientras que había métodos primitivos de preservación de alimentos, no había congelación y refrigeración para salvarlos. Comer por temporadas también es mejor para ti ya que puedes consumir los alimentos en sus formas más frescas. Esto significa que tienen el mayor contenido de nutrientes y minerales.

Muchos granjeros y aquellos que viven fuera del sistema dependen de la compra a granel de cosas que no producen, como azúcar o harina.

Una de las mayores diferencias con la planificación de comidas autónoma es la forma en que se inicia el plan de comidas en sí. Tienes que preguntarte, ¿qué es lo que tengo que usar actualmente en lugar de que se me antoja para poder ir al supermercado y comprarlo?

Al crear tu plan de alimentación, debes comenzar con lo que está fresco y lo que tienes en abundancia. Luego, ¿qué tienes disponible que necesita ser usado rápidamente y que podría echarse a perder pronto? También fíjate en lo que no tienes mucho y que no deberías usar en tu plan de alimentación hasta que consigas más de esos artículos.

Puedes elegir un plan de comidas para una semana o incluso un mes a la vez, dependiendo de la cantidad de alimentos que tengas disponible.

Resumen del capítulo

Vivir autónomamente de un suministro de alimentos sostenibles es una necesidad. Estas fuentes de alimentos sostenibles pueden incluir la agricultura, la caza, la pesca, la cría de ganado, la apicultura e incluso la acuicultura de peces.

Las prácticas agrícolas pueden tener lugar en casi cualquier lugar e incluso en los meses de invierno si se dispone de un invernadero. Puedes conservar tu cosecha congelando o enlatando tus frutas y verduras. También puedes vender cualquier exceso que produzcas para ayudar a ganar dinero para mantener tu estilo de vida autónomo. Lo que puedas cultivar eficazmente dependerá de tu ubicación.

Agregar ganado a tu casa, especialmente si decides criar los animales, es una gran manera de crear una fuente sostenible de alimentos para tu familia. La apicultura es un gran pasatiempo mientras se cultiva la tierra y proporciona muchos beneficios para la salud y el medio ambiente.

La caza y la pesca son también grandes opciones como alimentos sostenibles en tu granja o fuera del sistema. Ambos proporcionan una amplia variedad y pueden producir mucha comida, incluso para alimentar a una familia grande.

Ahora que has descubierto cómo vas a llevar agua, electricidad, Internet, servicio de teléfono celular, televisión y alimentos a tu hogar autónomo, vamos a cubrir todo lo que necesitas saber acerca de cómo mantenerlo a salvo de los malhechores o zombis.

Capítulo Nueve

Manteniendo tu granja segura

D espués de todo el trabajo duro que pusiste en la construcción de tu casa perfecta fuera del sistema, querrás estar seguro de mantenerla a salvo. Intrusos, osos, el gobierno, lo que sea que sientas que puede ser una amenaza, hay maneras de protegerse. La ubicación puede jugar un papel importante en tu seguridad y en tu visibilidad. Es estupendo poder ver desde tu propiedad, pero que la gente no pueda verte muy bien.

Hay varias cosas que puedes hacer para proteger a tu familia y tu propiedad, como el uso de portones, cámaras, perros y conocer a tus vecinos (no importa cuán lejos estés de ellos). Aunque ciertamente puedes elegir lo que mejor funcione para tu propiedad o vivienda, también puedes poner en varias capas tus medidas de seguridad para proporcionar más protección para tu casa y tu familia.

Portones

Si ya tienes una propiedad y no puedes mudarte a tu ubi-cación ideal donde puedes ver cualquier peligro inminente, hay algunas cosas sencillas que puedes hacer para empezar a proteger tu propiedad. Particularmente si estás en un área boscosa y tienes un lugar para colocar un portón, eso es un gran disuasivo para las personas que intentan entrar en tus terrenos. Si es posible, colócalo de manera que un vehículo no pueda rodearlo realmente, utiliza piedras grandes para bloquear los lados o lugares abiertos.

Dejar un portón abierto no necesariamente le dará a la gente una invitación abierta para entrar a tu propiedad. Blo-quear las cosas también puede ser una señal de que alguien está en casa y que no debes entrar en la propiedad. También puedes colocar letreros en la entrada de tu propiedad para indicar que es una propiedad privada y que las personas no deben entrar en ella. "No entrar", "cámaras de vigilancia" y "cuidado con el perro" pueden ayudar a disuadir a las perso-nas de entrar en tu propiedad.

Puedes instalar múltiples portones si tienes un camino de entrada muy largo, uno más cerca de la carretera y otro más cerca de tu casa para un nivel extra de protección.

Si prefieres mantener tus puertas cerradas y no quieres tener que salir de tu vehículo cada vez que quieras abrirlas, puedes considerar añadir un control automático de puertas alimentado por energía solar. Estos son excelentes porque puedes instalarlos en portones muy grandes, para granjas, y no requiere de ninguna electricidad para hacerlos funcionar, excepto un panel solar dedicado a esto. Las opciones más populares incluyen un brazo de control grande que es ali-mentado por el panel solar y hecho para abrir y cerrar con un simple dispositivo que se parece a un abridor de garaje con teclado.

También existe la opción de instalar un gran mecanismo de cierre para bloquear y asegurar tu puerta para que la gente no pueda simplemente empujar para abrirla. Cuando abres el portón, la cerradura grande se desactiva antes de que el brazo de control abra el portón. También puedes instalar un sensor electromagnético que abrirá la puerta cuando subas por el camino de entrada para salir de él. También puedes configurar la puerta para que se cierre automáticamente después de un cierto tiempo, dándote suficiente tiempo para salir de la puerta de manera segura.

Cercado

El cercado, si bien es excelente para mantener a los animales seguros y en el lugar donde deberían estar, también es importante para la seguridad. Si tienes una propiedad grande, el cercado del perímetro puede ayudar a disuadir a los animales y personas no deseadas y también a señalar dónde comienza y termina tu propiedad.

Pero antes de tomar tu excavadora, asegúrate de verificar con las ordenanzas locales para confirmar que el tipo de cercado y la colocación del mismo van a ser legales y efectivos. Si tu propiedad no está ya cercada, la instalación puede ser un gran gasto y un proyecto que requiere mucho tiempo. Especialmente si tienes animales, el cercado debería ser una prioridad principal en la instalación de tu finca autónoma.

Cuando se instala una nueva valla o se repara una ya existente, es necesario asegurarse de que todo esté planificado. Averigua dónde va a ir la cerca, si tienes diferentes tipos de cercado para diferentes áreas, y si necesitas añadir puertas adicionales para la seguridad o la protección de los animales. Puedes hacerlo fácilmente dibujando un mapa de tu propiedad o tomando una foto aérea para ayudar a determinar dónde vas a colocar todo.

Si tienes una variedad de animales, es una gran idea mantener diferentes potreros para diferentes especies. Esto también te permitirá rotar tu ganado a través de diferentes potreros, lo que ayuda a mejorar el manejo del pasto, la calidad del alimento y la salud general del rebaño. Los potreros más grandes pueden ser fácilmente divididos en secciones más pequeñas utilizando cercas eléctricas alimentadas por energía solar.

El hecho de tener varias puertas a lo largo de tu cercado puede ayudar a dar a tus animales y a ti un mejor acceso a la propiedad, así como a mantener la seguridad de todos. Aunque no deberías necesitar más de una o dos puertas en el perímetro de tu propiedad, se sugiere tener puertas con cerradura entre los potreros.

Hay varios tipos de cercas diferentes y cada una sirve para varios propósitos. Cuando planifiques tu propiedad, debes determinar qué tipo de cercado te conviene más. Por ejemplo, si tienes niños pequeños en tu casa, la cerca de alambre de púas podría no ser la mejor opción.

Cercado de madera

Aunque las cercas de madera eran muy buenas en los viejos tiempos, ya que había una abundancia de madera dura de alta calidad a menudo disponible, hoy en día mucha madera de alta calidad no es tan fácil de conseguir o es muy cara. La madera que compras de un aserradero típico durará

20 años en el mejor de los casos, es decir, con un mantenimiento regular de la pintura y el teñido cada pocos años.

Las vallas de madera son ideales para áreas pequeñas como picaderos y para mantener separados a los caballos y otros animales. Puede no ser una opción ideal para una cerca perimetral ya que puede ser muy costosa. Dependiendo del clima y la humedad del lugar, una valla de madera completa puede ser una mala elección.

Alambre de púas

Si bien es una opción muy asequible, el cercado de alambre de púas puede ser un poco difícil de trabajar y peligroso para los niños y los animales. Es un buen tipo de cercado si vives en un área muy húmeda o tienes una disponibilidad limitada de madera. Consulta con tus ordenanzas locales para saber qué tipos de "cercado legal" puedes tener en tu propiedad. A menudo el alambre de púas es el tipo más común de cercado legal, pero tiene inconvenientes en cuanto a la seguridad de los humanos y animales que entran en contacto con la cerca.

Alambre tejido

Esto es ideal para mantener animales más pequeños o más astutos. Animales como ovejas, aves de corral, cerdos y cabras (si nunca has tenido una cabra antes, son MUY inteligentes y descubren maneras de salir de la valla), la valla de alambre tejido es ideal para mantenerlos contenidos. También es buena para los caballos y no pueden enredarse o lastimarse tan fácilmente en ella. También puede ayudar a mantener alejados a los depredadores y puede durar hasta 20 años con un mantenimiento mínimo. Ten en cuenta que también necesitarás algunos postes de madera fuertes para sostener la cerca.

Cercado eléctrico

El cercado eléctrico es una opción de bajo costo para empezar y es de muy bajo mantenimiento. Las cercas eléctricas son seguras y no dañan a los animales, sino que refuerzan el entorno del rebaño. Son excelentes para cubrir grandes áreas y mantener las cosas dentro o fuera de tu propiedad. Cuando un animal toca el cercado, éste envía impulsos eléctricos cortos e intensos que efectivamente asustan al animal para que se aleje del cercado.

Aunque los cercos eléctricos son muy diferentes a los tradicionales y deberían ser obvios para los humanos, asegúrate siempre de que sea fácilmente visible y esté bien marcado para evitar cualquier tipo de responsabilidad. El cercado eléctrico es también una gran opción para mantener tu perímetro y puede ser utilizado en combinación con otros tipos de cercados para optimizar la seguridad. También puedes obtener uno alimentado por energía solar, que es una gran opción, ya que no consumirá tus gastos de energía.

Cámaras

Hay muchos sistemas de cámaras de vigilancia disponibles. Hay muchas cosas a considerar cuando se instala un sistema de vigilancia de la casa, como la cantidad de propiedad que vas a necesitar cubrir, cuán fuerte es tu señal de Wifi y cuánta energía vas a dedicar a tu sistema.

Cámaras de juegos

Las cámaras de juego son excelentes para empezar y la opción más barata que puedes colocar casi en cualquier lugar. Una cámara de juegos, como las que se utilizan para la caza, a menudo no es demasiado cara. Estas se activan por movimiento y toman una foto de lo que se está moviendo. Aunque podría no ser una gran opción si se coloca en un área que tendrá mucho movimiento, como en una carretera concurrida, es genial mantenerla en áreas que no tienen mucho movimiento, pero donde podrías capturar a alguien tratando de hacer daño a tu propiedad (como adolescentes borrachos sacando tu buzón de correo).

Cuando instales cámaras de juegos para la vigilancia de tu casa, no pongas la cámara a la altura de los ojos. Estas funcionan muy bien estando en lo alto y la gente no las notará tanto si es que lo hacen. También funcionan con baterías y pueden durar de seis meses a un año con una carga. Son muy fáciles de esconder y vienen en camuflaje y tintes verdes para esconderse fácilmente en los árboles y arbustos.

También conocidas como cámaras de senderos, utilizan tecnología infrarroja. Puedes ver fácilmente las imágenes usando tu teléfono o computadora ya que la mayoría de los modelos incluyen una tarjeta micro SD. Muchos modelos pueden tomar imágenes a una distancia de 80 a 100 pies, lo que te permite colocar las cámaras bastante lejos de la vista.

Sistemas de seguridad tradicionales

Los sistemas de seguridad tradicionales son estupendos si tienes acceso a un teléfono fijo o a una Wifi fiable. Los sistemas tradicionales pueden ser alámbricos o inalámbricos.

Estos sistemas también son excelentes si no eres muy experto en tecnología y deseas un sistema de tipo "conectar y ya". Una de las grandes ventajas de un sistema de seguridad tradicional es que se puedes operar todo desde un centro.

Si estás fuera del sistema, vas a querer buscar un método que sea eficiente en cuanto a la energía y que no vaya a absorber todas tus reservas.

También hay varias opciones para las cámaras de seguridad que funcionan con energía solar. Busca opciones a prueba de clima que puedas mantener en el exterior durante todo el año y que tenga tanto visión diurna como nocturna. Hay algunos modelos que funcionan todo el tiempo y otros que son sensibles al movimiento y comenzarán a grabar cuando detecten algo. Si tienes un sistema inteligente, puede alertar a tu teléfono y empezar a grabar lo que sea que se esté moviendo y guardarlo en la nube para acceder a él más tarde.

Si no tienes una señal lo suficientemente fuerte como para conectar tus cámaras vía Wifi, también puedes conseguir cámaras que se almacenen en una tarjeta SD local, como la cámara de juego. Esto requerirá que saques la tarjeta SD para ver cualquier cosa y el material puede ser fácilmente sobrescrito. Dependiendo del tipo de sistema de seguridad que obtengas dependerá de la energía que necesites para alimentarlo. Yo sugeriría un sistema alimentado por energía solar ya que así nunca tendrás que preocuparte por los apagones.

Iluminación

El uso de iluminación para ser alertado visualmente por los intrusos (o un mapache al azar) es también una buena medida que utilizar. Hay muchas opciones de iluminación con energía solar que puedes utilizar como luces de seguridad alrededor de tu propiedad. Puedes instalar fácilmente focos de alta potencia y sensibles al movimiento alrededor del perímetro de tu casa que pueden ser utilizados para iluminar tu propiedad en la oscuridad.

Perros

Los perros, aunque no sólo son excelentes para la caza y la compañía, también son excelentes para la seguridad en el hogar. Los perros pueden ver y oír cosas antes de que sus humanos se den cuenta, esto proporciona un mecanismo de seguridad adicional. Esencialmente desde que los perros han sido domesticados, han sido utilizados para la caza y la protección de propiedades. Hablando en términos de seguridad, los perros no cuestan mucho. Todo lo que realmente necesitan es algo de comida, agua y un lugar agradable para dormir. Hay varias razas de perros que son defensores naturales de su propiedad y sus pertenencias mientras son leales a sus humanos. Ten en cuenta que muchas razas, incluso las que no son defensoras naturales, pueden ser entrenadas para ser "perros guardianes".

Algunas de las razas de perros más comunes que se utilizan a menudo para la defensa del hogar incluyen:

- Perros de Montaña de Berna

- Bullmastiff

- Rottweiler

- Doberman Pinscher

- Pastores Alemanes

- Komondor

- Schnauzer Gigante

- Rhodesian Ridgeback

- Kuvasz

- Staffordshire Terrier

Aunque muchos de estos perros no parezcan amenazadores, protegerán a tu familia a cualquier costo si sienten que están siendo amenazados.

Conoce a tus vecinos

Realmente no importa cuán lejos estén tus vecinos, una gran manera GRATUITA de ayudar a proteger tu propiedad es conocer a tus vecinos. Muchos compañeros autónomos tienen los mismos tipos de valores y estarían más que dispuestos a vigilar tu propiedad si vigilas la de ellos también.

Puedes incluso desarrollar un programa de tipo vigilancia comunitaria o compartir medidas de seguridad si conoces a tus vecinos lo suficiente y confía en ellos.

Sistemas de Seguridad Inalámbrica

Los sistemas de seguridad inalámbricos son ideales para propiedades muy grandes. Son ideales para colocarlos alrededor de una propiedad remota para ayudar a mantener el nivel de seguridad de tu hogar. Estas cámaras, al igual que los paneles solares que se instalan en una casa, capturan la energía del sol y la almacenan en una batería local en la cámara y pueden mantener esa batería cargada todo el tiempo.

Para poder monitorear un sistema solar inalámbrico, necesitas tener un acceso confiable a la conectividad Wifi o SIM para ver cualquier material capturado.

Sensores

Hay toneladas de diferentes tipos de sensores disponibles para casi cualquier lugar en tu propiedad o en tu casa. Las cámaras de juegos son un tipo de sensor. También puedes obtener sensores de entrada para saber si alguien está conduciendo por tu garaje y que se supone que no debería estar haciéndolo. Los sensores de entrada pueden ser activados por movimiento o por cables que corren a través de la entrada y son sensibles a la presión.

Vehículos

Aunque tener vehículos adecuados no está directamente relacionado con la seguridad, quise incluir una sección sobre los vehículos que podrías considerar tener en tu propiedad autónoma para hacer tu vida un poco más fácil. Tener algún tipo de camión o SUV (que tenga tracción en las cuatro ruedas) para transportar cosas, ciertamente añadirá algún valor a tu vida y a tu propiedad. Algo que seas capaz de manejar por todo el terreno y que también sea capaz de transportar cosas como arbustos, troncos e incluso animales de un lugar a otro sería muy útil. También se aconseja que tengas algún tipo de ATV para entrar en áreas boscosas y, por supuesto, para un poco de diversión. El tener un camión y/o una ATV también te permite sujetar una quitanieves al frente, lo cual puede ser muy útil si vives en un lugar donde nieva mucho.

Si tienes un terreno muy grande, tal vez también quieras considerar una cortadora de césped motorizada. Aunque técnicamente no es un vehículo, una cortadora de césped motorizada puede hacer que tu tarea de cortar un par de hectáreas sea mucho más placentera. Si vives fuera del sistema en una propiedad mucho más pequeña, una cortadora de césped de empuje debería ser más que suficiente. Incluso si vives en una finca, muchas personas que viven autónomamente tienen una casa rodante o una caravana que pueden llevar consigo cuando viajan. No hay una gran diferencia en la transición de vivir en una casa autónoma a usar una casa rodante, por lo que tendría sentido usar una cuando se viaja en lugar de quedarte en un hotel. Además, si viajas mucho, esto te ayuda a evitar tener que gastar demasiado en estancias en hoteles.

Resumen del capítulo

La forma en que establezcas tus medidas de seguridad dependerá en gran medida de la ubicación de tu propiedad y de lo que tengas a tu disposición. Las puertas de entrada de tu propiedad son una gran manera de disuadir a la gente de entrar. Trata de posicionar la puerta lo mejor que puedas colocando piedras grandes alrededor del exterior de la misma para que los vehículos no puedan circular por ella. Coloca señales alrededor de la propiedad para que las personas sepan que hay un sistema de vigilancia y que hay perros protegiendo la finca también puede ayudar a disuadir a los intrusos.

Las cercas no sólo son excelentes para proteger a tu familia, sino también para proteger a tus animales y mantenerlos donde deben estar. El tipo correcto de cercado puede mantener a tus animales dentro y a los depredadores fuera. Aunque hay muchas opciones de cercado disponibles, las más comunes incluyen madera, alambre de púas, alambre tejido y cercado eléctrico. Puedes comprar cercas eléctricas que funcionan con energía solar para que no te veas afectado por el suministro de energía.

Aunque hay cientos de tipos diferentes de cámaras de vigilancia para elegir, algunas de las más utilizadas mientras vives fuera del sistema incluyen cámaras de juego o de senderos y cámaras inalámbricas alimentadas por energía solar que se conectan a través de Wifi o graban datos en una tarjeta SD.

Los perros son también una gran medida de seguridad. No sólo ofrecen protección para tu familia, sino que también pueden ser utilizados para la caza y la compañía. Algunas de las razas de perros más comunes utilizadas para la protección incluyen Rottweilers, Bullmastiffs y Pastores Alemanes.

Conocer a tus vecinos también es importante. Asegúrate de conocerlos ya que pueden vigilar las propiedades de cada uno. Colocar sensores en toda tu propiedad es también importante para mantenerse alerta si hay alguien tratando de entrar.

En el próximo capítulo, cubriremos todas las diferentes maneras en que puedes ganar dinero mientras vives de forma autónoma, desde la transición con tu trabajo actual hasta la apertura de tu propio negocio. Hay muchas maneras diferentes de ganarse la vida mientras se vive fuera del sistema.

Capítulo Diez

Hacer dinero fuera del sistema

Muchas personas autónomas crean un entorno totalmente autosostenible para sí mismas al trabajar también para sí mismas o al trabajar a distancia en una u otra función. Aunque empezar a vivir fuera del sistema puede ser costoso, dependiendo de la ubicación que elijas y el tamaño de tu casa y propiedad, el mantenimiento puede ser muy rentable. Aunque depende completamente de tu estilo de vida individual.

Mientras que muchas personas que viven fuera del sistema se ganan la vida vendiendo las cosas que cultivan o fabrican, también hay muchas maneras en las que puedes trabajar a distancia. Este estilo de vida no significa tener que sacrificar y vivir limitado, puedes obtener un buen ingreso haciendo cosas que te apasionan. Conozco gente que viaja a tiempo completo por todo el país y que aporta cinco cifras al mes por su trabajo a distancia. Si vas a hacer algo en línea, todo lo que necesitas es una conexión de Internet fiable y la motivación para trabajar a distancia.

Trabajar y vivir de tu tierra

Hay muchas personas que eligen vivir fuera del sistema y crear sus granjas. Esto puede incluir la agricultura, la cría de ganado y la apicultura. A menos que tengas una familia muy grande, muchos de los productos que produces en tu granja pueden venderse para obtener una buena ganancia. Una de las cosas más importantes de ganar un ingreso de tiempo completo mientras se vive autónomamente es poder disfrutar de tu estilo de vida. No querrás trabajar 100 horas a la semana sólo para llegar a fin de mes. ¡Definitivamente ese no es el punto aquí!

Agricultura

Ahora bien, cuando digo agricultura, no estoy hablando de crear un CSA local (Agricultura de Responsabilidad Compartida por sus siglas en inglés - aunque es una gran idea si no tienes eso en tu área y hay demanda para uno). En cambio, estoy hablando de productos que te darán el mayor beneficio por tu dinero. Piensa en la última vez que fuiste a un mercado de granjeros, ¿qué viste allí? Mi suposición es que eran todas las mismas cosas - huevos, carnes, verduras. Sin embargo, hay tanta gente que vende esas cosas que es difícil destacar. Con tanta competencia, puede ser difícil obtener algún tipo de beneficio decente. Busca cosas en tu área que sean únicas y que nadie más esté vendiendo.

Algunas de las cosas más únicas que he visto (e incluso probado) que se venden en los mercados de granjeros y que funcionan muy bien son los champiñones, los huevos incubados o los polluelos, la miel, el jarabe de arce, las hierbas medicinales y culinarias, y los quesos.

Setas

Los hongos son un "cultivo" muy divertido para empezar a vender. Son muy interesantes para aprender y realmente muy fáciles de cultivar. Los hongos medicinales frescos, secos y tinturados se venden muy bien e incluso se pueden vender en línea. El cultivo de hongos también se puede hacer en casi cualquier lugar y tiene enormes márgenes de beneficio.

Huevos y pollitos incubados

¡¿Quién no ama a los pollitos?! Si tienes algunas razas de aves de corral en demanda, puedes vender huevos para incubar por unos pocos dólares cada uno. Si realmente eclosionas los huevos y vendes los pollitos puedes duplicar ese precio.

Miel y cera de abejas

En un capítulo anterior mencioné las muchas ventajas de la apicultura. Una vez que todo está listo, la apicultura puede ser una inversión bastante baja en tiempo y energía. La miel tiende a venderse muy bien en los mercados agrícolas y también se puede utilizar la cera de abejas para venderla cruda o para convertirla en otros productos naturales.

Jarabe de arce

Si tienes muchos árboles de arce, abedul o nogal en tu propiedad, puedes obtener un ingreso decente de la extracción de esos árboles y del jarabe. Durante el invierno y el principio de la primavera, antes de que empiece el resto del trabajo agrícola, puedes trabajar en la producción y el procesamiento de tu jarabe.

Quesos

Si tienes una vaca o una cabra lechera, la fabricación de varios tipos de quesos artesanales puede reportarte un buen ingreso. La elaboración de quesos, aunque hay mucho que aprender, es muy divertida. Desde lo muy fácil - como hacer mozzarella fresca - hasta la creación más desafiante de variedades de quesos duros artesanales, siempre hay espacio para cultivar y añadir más cosas para hacer y vender.

Hierbas medicinales y culinarias

El cultivo de hierbas es excelente porque muchas de las variedades crecen vigorosamente y son pesticidas naturales. Las hierbas son plantas perennes (lo que significa que no tienes que comprar nuevas semillas para ellas cada año y volver a plantarlas) y son bastante rentables. Estas hierbas se venden bien en sus formas crudas, pero aún mejor si puedes crear productos medicinales naturales a partir de ellas.

Alquilar tu tierra

Si tienes un terreno muy grande y no lo usas todo tan eficazmente como podrías, puedes considerar alquilar parte de tu terreno a otros agricultores o granjeros. Esta es una excelente manera de obtener ingresos pasivos con un mínimo de trabajo. Sólo asegúrate de que, si estás alquilando o arrendando alguna tierra a otros, redactes contratos que definan claramente el uso y los costos asociados.

Enseñar clases de agricultura casera

Una vez que te hayas vuelto muy conocedor de todas las cosas relacionadas con el tema, puedes invitar a las personas a las clases que impartes sobre varios temas relacionados con el tema de la propiedad. Puedes fácilmente crear una asociación con una biblioteca local o un centro comunitario y organizar las clases directamente en tu tierra o ir a las instalaciones para enseñar sobre varios temas. Esta es una excelente manera de ganar un poco de dinero extra mientras te conectas con otras personas de ideas afines.

Productos forrajeros

Si tienes una gran área boscosa en tu propiedad y los alimentos frescos crecen en abundancia, los forrajeas y los vendes en los mercados de agricultores locales. Puedes hacerlo con setas, hojas de diente de león e incluso con bayas silvestres. Sólo asegúrate de saber lo que estás haciendo antes de establecer una tienda con artículos forrajeros.

Madera

Si tienes una sobreabundancia de árboles, puedes vender leña y madera.

Airbnb/Alquiler de sitios

Hay mucha gente que está dispuesta a pagar sólo por quedarse y acampar en tu tierra si tienes un área lo suficientemente agradable. Si tienes un granero grande y agradable que está en condiciones razonables, considera alquilar como locación para bodas. Puedes fácilmente cobrar un par de miles de dólares sólo por ofrecer el lugar de la boda.

Trabajo a distancia fuera del sistema

El poder trabajar a distancia fuera del sistema abre todo un conjunto de oportunidades. Mientras tengas una conexión a Internet fiable, tus posibilidades son infinitas. Puedes ganarte bien la vida como escritor, diseñador de páginas web e incluso vender productos y servicios en línea.

Trabajo remoto

Empieza donde ya trabajas. ¿Es tu trabajo algo que puedes hacer a distancia? ¿O es posible hacer la transición dentro de tu empresa a un puesto remoto de tiempo completo? ¿O hacer la transición a una compañía diferente haciendo el mismo tipo de trabajo que acepte a los empleados remotos? Hay muchas compañías que están trabajando para hacer la transición de empleados de tiempo completo y parcial a posiciones remotas. A largo plazo, esto le ahorra a la compañía más dinero ya que no necesitan grandes oficinas y pueden reducir ciertos beneficios.

Incluso si tu trabajo no ofrece actualmente oportunidades remotas, puedes tener una discusión con tu departamento de recursos humanos para ver si pueden hacer adaptaciones para ti. A menos que estés trabajando en una línea de ensamblaje todo el día, es probable que haya muchas cosas que puedas hacer, que ya haces en tu puesto, a distancia. Cosas como la entrada de datos, mercadeo e incluso el servicio de atención al cliente pueden hacerse a tiempo completo o parcial de forma remota.

Independiente

El trabajo independiente es una gran manera de empezar a trabajar a distancia. Es algo que puedes comenzar mientras aún estás en tu trabajo de tiempo completo y no necesitas una tonelada de entrenamiento extra para hacerlo. Puedes trabajar como independiente en muchos trabajos diferentes, desde el diseño web, hasta el trabajo de voz en off y, por supuesto, la escritura.

Si eres nuevo en este mundo, puedes encontrar trabajos para principiantes en plataformas y en varias bolsas de trabajo. Una vez que empieces a buscar, te sorprenderás de todas las oportunidades que existen. Hay mucha gente que vive fuera del sistema trabajando como independientes y obteniendo un gran ingreso. En algunos casos, ni siquiera es necesario estar conectado a Internet todo el tiempo para tener éxito. Por ejemplo, si eres un diseñador gráfico, puedes crear tus diseños y luego sólo necesitas estar en línea cuando realmente estás enviando un correo electrónico a tus clientes y trabajando en aplicaciones basadas en la web.

Si eres bueno escribiendo, la escritura independiente es una gran manera de empezar a ganar un ingreso en línea. Hay muchos dueños de negocios que no son buenos escribiendo o simplemente no tienen el tiempo o el deseo de escribir contenido para su negocio. Puedes conectarte con los dueños de negocios y ofrecerles tus servicios de escritura.

No te equivoques, la escritura no es la única opción, hay literalmente toneladas de diferentes opciones por ahí. A continuación, encontrarás una lista de algunas ideas diferentes para empezar:

- Gestión de medios sociales

- Enseñanza/tutoría

- Interpretación

- Asistente virtual

- Redacción

- Fotografía de stock

- Escritura

- Traducción

- Diseño gráfico

- Escritura de música

- Programación informática

- Contabilidad

- Consultor de viajes

- Un consultor de anuncios de Google o Facebook

- Planificador de fiestas

Así que como puedes ver, hay muchas oportunidades para trabajar como independiente. Anota una lista de cosas en las que ya estás capacitado y empieza a buscar trabajos independientes en los medios sociales, bolsas de trabajo y plataformas.

Blogueo

Muchas personas fuera del sistema se ganan la vida escribiendo en blogs o creando vídeos en YouTube (más información en un segundo). Los blogs son una gran opción para los usuarios autónomos porque, como estoy seguro de que puedes adivinar, el interés por vivir fuera del sistema está

117

creciendo rápidamente. La gente está buscando información sobre esto de los que ya lo están haciendo o tienen la información que están buscando. Incluso si no estás viviendo autónomamente todavía, puedes escribir sobre estos temas. Todo lo que se necesita es algo de investigación y habilidades de escritura medianamente decentes.

Algunos de los mejores temas de blogs para empezar son:

- Cómo ahorrar dinero para la casa de tus sueños fuera del sistema.

- Cría de ganado

- Prácticas agrícolas sostenibles

- Cosecha y conservación de alimentos

- Construir tus propios muebles con paletas

El blogueo también es muy barato para empezar. Puedes empezar un blog auto alojado por unos 100 dólares. Ni siquiera tienes que ser súper experto en tecnología para ser un bloguero. Muchas plataformas son muy fáciles de usar, de navegar y crear contenido.

Aunque no vas a empezar a ganar $1,000 de la noche a la mañana, el blogueo es una gran manera sostenible y a largo plazo de hacer dinero. Si vas a hacer un blog para ganar dinero, ese es tu negocio, tu medio de vida. Trata tu blog como un negocio, no como un pasatiempo. Hay mucho que aprender cuando se trata de esto, pero como con otros tipos de negocios en línea, aprender cosas nuevas y construir tu negocio se vuelve adictivo. Cuanto más aprendas, más querrás aprender.

Como con cualquier otro tipo de negocio, puedes hacer mucho o poco, realmente depende de cuánto esfuerzo ponga en ello.

Los blogs también pueden ser una catapulta para otras ideas de negocios. Hay muchos escritores independientes que se dedican a los blogs a tiempo completo y luego a otras empresas como la venta de bienes y servicios y la asesoría. Una de las formas tradicionales en que los blogueros ganan dinero es a través de la colocación de anuncios en su página. Mientras que esta es una gran manera de empezar, hay muchas otras maneras de hacer dinero blogueando. Pueden ser pagados por medio de publicaciones patrocinadas, mercadeo de afiliación, venta de bienes físicos o digitales o venta de servicios, todo directamente a través de su blog. Los productos digitales y los anuncios son también una gran manera de generar ingresos pasivos.

YouTube

Ve a YouTube y haz una búsqueda rápida de "fuera del sistema"... cualquier cosa, escoge cualquier tema y encontrarás cientos de vídeos diferentes relacionados con el tema que has escrito. ¡Lo que esto te dice es que hay gente por ahí creando este tipo de contenido porque la gente lo está buscando! Los nuevos propietarios de viviendas y los que viven autónomos, especialmente, están buscando información sobre cómo hacer ciertas cosas.

La creación de vídeos de YouTube es muy similar a la creación de un blog, excepto que estarás creando vídeos en lugar de escribir. De manera similar a la escritura, puedes ganar dinero creando videos de YouTube y colocando anuncios en los videos, creando videos basados en contenido patrocinado, vendiendo productos digitales o físicos, promoviendo afiliados a través de tu canal e incluso vendiendo servicios, como consultas para personas que están comenzando su nuevo estilo de vida.

Algunos de los temas más populares de los videos son:

- Construir fuera del sistema

- Fuentes de agua autónomas

- Soluciones de almacenamiento de alimentos

- Cómo planear los cercos

- Energía solar

- Convertir furgonetas, casas rodantes y otros tipos de espacios en espacios habitables fuera del sistema

- Proyectos con paletas

- Un día en la vida...

- Prácticas de jardinería sostenible

- Vivir fuera del sistema en diferentes partes del país

Así que como puedes ver, hay un montón de temas diferentes que puedes cubrir en los vídeos de YouTube sobre la vida fuera del sistema. Si estás planeando hacer YouTube y recién comienzas, documenta tu viaje. A la gente le encanta ver a otras personas aprendiendo de sus nuevas experiencias y seguir sus viajes.

Resumen del capítulo

Vivir fuera del sistema es una experiencia tan increíble, ¿por qué querrías dejar tu porción de paraíso para ir a trabajar?

Aunque puede tomar mucho tiempo y dinero hacer la transición, también deberías tener una forma viable de sostenerte a ti mismo y a tu familia después de haber hecho la transición. Hay muchas opciones para ganarse bien la vida mientras se vive fuera del sistema, desde vender el exceso de tus cultivos o ganado, hasta trabajar virtualmente. Algunas de las cosas que puedes hacer para ganar dinero son vender las cosas que haces y produces en tu casa, como, por ejemplo:

- Champiñones

- Huevos y pollitos para incubar

- Miel y cera de abejas

- Productos de cera de abeja natural

- Jarabe de arce

- Queso

- Hierbas medicinales y culinarias

- Alquilar o arrendar tu terreno

- Enseñar clases de agricultura casera

- Productos de forrajeo

- Leña y madera

Trabajar a distancia también es una gran opción. Puedes ver si puedes hacer tu trabajo actual de forma remota o hacer la transición a una empresa o departamento diferente que ofrezca puestos remotos.

También puedes hacer trabajo independiente, iniciar un blog o un canal de YouTube.

Palabras Finales

Espero que mi historia y mis conocimientos te hayan inspirado para comenzar tu viaje hacia tu propio estilo de vida fuera del sistema. Aunque hay mucho que aprender y puede tomar un tiempo para llegar a donde realmente quieres estar, ¡vale la pena!

Vivir autónomamente no es fácil, si lo fuera, todo el mundo lo haría. Se necesita mucho trabajo duro y dedicación para vivir de esta manera. Habrá muchas veces en las que las cosas no salgan como uno quiere. Las cosas se romperán, los animales comerán los productos, las amenazas ocurrirán, pero yo no lo haría de otra manera. Sé que vivir fuera del sistema es donde estoy destinado a estar. Y es mi esperanza después de leer esto que te sientas de la misma manera.

Aunque hay muchos tipos diferentes de vida autónoma y una cantidad aún mayor de diferentes tipos de viviendas, en última instancia, tienes que averiguar lo que funciona para ti y lo que te va a hacer feliz. Mientras que algunas personas pueden sentir que la vida campestre es la de sus sueños, otras no pueden entender la vida sin agua corriente o refrigeración.

Desde vivir en una camioneta junto al río hasta una cabaña de troncos en lo profundo del bosque, hay una opción
para todos. Pero antes de dejar un par de miles de dólares en
un terreno o en una casa rodante para renovar, tómate un
tiempo para saber si la vida autónoma es realmente algo que
puedes hacer.

Busca tus lugares ideales y visítalos en las cuatro estaciones para ver cómo es vivir allí. Intenta conectarte con
otras personas de la zona y pregúntales qué les gusta o no les
gusta de vivir allí. Hacer la mudanza es un gran compromiso
y no algo que pueda suceder durante un fin de semana como
una mudanza tradicional. Aquí es donde es muy importante
determinar el por qué. Haz una lista de todas las razones por
las que quieres hacer la transición a un estilo de vida fuera
del sistema para ayudar a determinar si es la elección correcta para tu familia.

Una vez que hayas decidido que estás listo para dejar
atrás "el sistema", entonces es el momento de comenzar tu
transición reduciendo la cantidad de tus pertenencias actua-
les y deshaciéndote de todos tus trastos. Es realmente asombroso cuánta basura puede recoger la gente cuando han vivido en algún lugar durante un período de tiempo prolongado. Una vez que empieces a deshacerte de las cosas tendrás una nueva sensación de libertad que nunca antes habías
experimentado. Acepta vivir con las cosas que necesitas y
deshacerte de las que no necesitas.

Como he mencionado unas cuantas veces en este libro,
salir del sistema no es barato, a menos que seas una persona
soltera viviendo en una camioneta, puedes hacer eso bastante
barato. Esta transición también significa pagar o cancelar la
mayor parte de tus deudas como sea posible y ahorrar todo

lo que puedas. Asegúrate de hacer un seguimiento de tus gastos para asegurarte de que no estás desperdiciando dinero en artículos frívolos cuando deberías estar ahorrando para las cosas importantes que te permitan llegar a tu estilo de vida autónomo.

Decidir en qué tipo de casa quieres vivir es sólo la mitad de la batalla de decidir dónde vas a vivir. A menos que viajes a tiempo completo, también debes elegir una propiedad. Algunos de los diversos aspectos a considerar sobre una propiedad son la disponibilidad de agua y cómo te desharás de los residuos (pozo, séptico, arroyo, etc.), la cantidad de sol que recibe la propiedad, dónde ubicarías la casa (si es que no hay una ya) y cualquier problema potencial de seguridad.

Tus recursos naturales son muy importantes, el sol, el suelo, la lluvia, el agua y el viento pueden ayudar a producir energía para tu casa, así como alimentos y agua. Tener acceso a una fuente de agua fresca y confiable, como un arroyo, un río o un lago, es una gran ventaja. Si no tienes agua corriente natural en la propiedad, siempre puedes perforar un pozo o instalar sistemas de almacenamiento de agua subterránea. La forma de deshacerte de tus aguas residuales y de procesarlas puede ser también muy importante. Utilizar las aguas grises para otras funciones domésticas es una gran idea, como por ejemplo utilizar el agua de la lavandería para tirar de la cadena del inodoro.

Con cualquier cosa que hagas cuando estés fuera del sistema, sólo asegúrate de verificar con tus ordenanzas locales para confirmar de que no estás haciendo nada ilegal y que estás obteniendo todos los permisos y licencias adecuados para tus actividades.

Una de las razones más importantes por las que la gente se sale del sistema es para desconectarse de la red de energía eléctrica. La energía puede ser generada usando fuentes de energía solar, eólica, propano, hidroeléctrica y geotérmica. Una de las ventajas de permanecer conectado es que cuando se produce más energía de la que realmente se necesita, entonces se puede "vender" de nuevo a la compañía eléctrica en forma de créditos. De esta manera, cuando experimentas un momento en el que no estás produciendo suficiente energía, puedes esencialmente recuperar tu reserva de la red utilizando tus créditos.

Antes de hacer la transición completa a una vida fuera del sistema es importante que practiques hábitos de ahorro de energía en tu hogar actual, tales como apagar las luces al salir de una habitación, minimizar el consumo de agua y desenchufar los electrodomésticos que no estés usando.

Por supuesto, no significa que tengas que desconectarte del resto del mundo. Hay muchas personas que viven autónomamente y que siguen conectadas como si estuvieran viviendo en el sistema. Puedes obtener servicio de teléfono celular, usar amplificadores de señal, y el Internet lo suficientemente rápido como para seguir haciendo todas las cosas que te gusta hacer actualmente (como ver la última serie de Netflix). De hecho, muchas personas que viven fuera del sistema se ganan la vida trabajando a distancia. Ya no estás estrictamente limitado a las velocidades de Internet de acceso telefónico y radios de transistores cuando optas por vivir autónomamente.

Y no podemos olvidarnos de la comida. Cuando se vive fuera del sistema, generalmente significa que los días en que vas a un restaurante de comida rápida se han ido porque olvidaste ir al supermercado. La planificación de las comidas es clave, ya sea que estés o no cultivando la mayoría de tus propios alimentos. Tus fuentes de comida pueden provenir de la agricultura, la cría de ganado, la caza y la pesca, y el viaje ocasional a las tiendas mayoristas. Cuando estás produciendo muchos de tus propios alimentos también tienes que ser capaz de preservarlos para uso posterior durante la temporada baja. Aunque muchas personas consumen una dieta de temporada, es vital que estés preparado durante todo el año.

Por supuesto, necesitas ser capaz de mantener tu casa segura, no importa dónde te encuentres. La seguridad fuera del sistema puede venir en forma de portones con cerradura, varios tipos de vallas, cámaras y sistemas de vigilancia, iluminación con sensores de movimiento, perros, varios tipos de sensores y sistemas de seguridad inalámbricos. El tipo de seguridad que necesitas dependerá de tu ubicación, tu propiedad y tu presupuesto.

Por último, está la capacidad de hacer dinero mientras se vive autónomamente. Personalmente sé que no quería hacer la transición a este nuevo estilo de vida y tener que viajar a un trabajo que me chupa el alma todos los días. Elegí trabajar virtualmente, pero hay muchas opciones diferentes para ganar dinero viviendo fuera del sistema. Puedes vender lo que ganas con tu tierra en el mercado local de granjeros e incluso en línea. O puedes trabajar remotamente como yo elijo hacer. Comprueba si tu empresa ofrece trabajo a distancia a los empleados o si puedes hacer el mismo tipo de trabajo remoto sólo que con una empresa diferente. También hay otras opciones como convertirte en un trabajador independiente, hacer un blog y hacer videos en YouTube.

Sea lo que sea que elijas hacer, asegúrate de que te apasiona. Vivir fuera del sistema es construir y disfrutar de tu mejor vida. No puedes hacer eso mientras estás en un trabajo que odias.

Así que toma un bolígrafo y un pedazo de papel. Empieza con tu "por qué". Luego escribe tu día ideal fuera del sistema, tu estilo de vida ideal. Puede ser lo que quieras que sea, siempre y cuando te haga feliz.

Tal vez sea despertarte todos los días junto a la playa en tu casa rodante y sentarte a la orilla del mar a escribir tu último libro.

O tal vez te levantes, ordeñes tu vaca, alimentes a las cabras y luego hagas videos sobre tu última aventura en la granja. Sea lo que sea, debes ser tú mismo.

Diablos, haz un tablero de visiones si es necesario.

Luego, después de que hayas anotado el *por qué* y el qué de tu día ideal y de tu estilo de vida ideal, empieza a trabajar. ¿Qué necesitas hacer para que esa vida ideal se haga realidad?

¿Lo entiendes?

Bien...

¡Ahora sal y haz que suceda!

Referencias

12 V Mosnter. (23 de septiembre de 2016). Mantener una eficiencia energética saludable en un hogar autónomo. Obtenido el 28 de agosto de 2019, del sitio Web: https://www.12vmonster.com/blogs/product-questions/ten-tips-for-off-grid-home-energy

15 Acre Homestead. (25 de enero de 2018). Pros y contras de la vida en el campo. Obtenido el 24 de agosto de 2019, desde https://15acrehomestead.com/pros-cons-homestead-living/

A American Septics. (20 de enero de 2019). ¿QUÉ ES UN CAMPO DE LIXIVIACIÓN? Obtenido el 27 de agosto de 2019, del sitio Web: https://aamericanseptic.com/what-is-a-leach-field/

Adamant, A. (30 de agosto de 2017). Cómo obtener un ingreso de tiempo completo mientras se vive fuera del sistema. Extraído el 30 de agosto de 2019, de https://practicalselfreliance.com/full-time-off-grid-income/

Bernier, K. (12 de agosto de 2019). 7 Razones por las que el enlatado de alimentos es mejor que el congelamiento de alimentos -. Extraído el 30 de agosto de 2019, de https://www.offthegridnews.com/off-grid-foods/7-reasons-canning-food-is-better-than-freezing-food/

Dodrill, T. (30 de noviembre de 2018). 5 Fuentes y sistemas de agua fuera del sistema. Obtenido el 24 de agosto de 2019, del sitio Web: https://homesteadsurvivalsite.com/off-grid-water-sources/

Dunn, C. (11 de octubre de 2018). Generando energía autónoma: Las 4 mejores maneras. Obtenido el 28 de agosto de 2019, desde https://www.treehugger.com/sustainable-product-design/generating-off-grid-power-the-four-best-ways.html

Earth Homes Now. (2015). Ventajas y desventajas de las casas de tierra. Obtenido el 24 de agosto de 2019, desde http://www.earthho-mesnow.com/earth-home-advantages.htm

EnergySage. (2019). ¿Cómo se almacena la energía solar en 2019? | EnergySage. Obtenido de https://www.energysage.com/solar/solar-energy-storage/how-do-solar-batteries-work/

EnergySage. (14 de febrero de 2019). Crédito fiscal para energía solar - todo lo que necesitas saber sobre el ITC federal para el 2019. Obtenido el 28 de agosto de 2019, del sitio Web: https://news.energy-sage.com/congress-extends-the-solar-tax-credit/

EnergySage. (7 de mayo de 2019). ¿Cómo funciona la medición de la red con la energía solar? | EnergySage. Obtenido el 28 de agosto de 2019, desde https://www.energysage.com/solar/101/net-metering-for-home-solar-panels/

Fire Mountain Solar. (19 de marzo de 2019). Conceptos básicos de un sistema solar completo fuera del sistema | Vivir fuera del sistema. Obtenido el 15 de agosto de 2019, desde https://www.firemountainso-lar.com/learn-more/off-grid-basics/

FosterFuels. (1 de septiembre de 2016). USANDO PROPANO PARA TENER ENERGÍA FUERA DEL SISTEMA. Obtenido el 28 de agosto de 2019, desde https://fosterfuels.com/blog/using-propane-for-off-grid-power/

Green Energy Futures. (10 de junio de 2012). Geotérmica 101 - Cómo calentar tu casa con sólo tres grados--Green Energy Futures [YouTube]. Obtenido el 28 de agosto de 2019, desde https://www.youtube.com/watch?v=d85FgaFin2A

Gone with the Wynns. (8 de mayo de 2014). Cómo preparar y desechar un inodoro de compostaje [YouTube]. Extraído el 28 de agosto de 2019, de https://www.youtube.com/watch?v=dYR6GPmDzVM

La vida en la granja de Guildbrook. (30 de julio de 2019). Instalando el mejor abridor automático de puertas alimentado por energía solar de Ghost Controls [YouTube]. Extraído el 30 agosto de 2019, de https://www.youtube.com/watch?v=iOeqxfW6SOA

Servicio de Tierras Hogan. (26 de julio de 2019). Todo lo que necesitas saber sobre los sistemas sépticos de distribución de presión. Obtenido el 27 de agosto de 2019, desde https://hoganls.com/services/septic/pressure-distribution-septic-systems/

Homesteading Family. (24 de mayo de 2019). Planificación de la comida en el hogar [YouTube]. Obtenido el 31 de agosto de 2019, desde https://www.youtube.com/watch?v=mK0y5XpQUE4

Homestead Village. (7 de septiembre de 2017). Reducción de tamaño 101: Se más feliz con menos "cosas" | Homestead Village. Obtenido el 15 de agosto de 2019, desde https://www.homesteadvillage.org/blog/downsizing-101-be-happier-with-less-stuff/

Johnson, C. (23 de abril de 2014). Cómo vivir sin conexión al sistema en una casa pequeña - Compartible. Obtenido el 24 de agosto de 2019, del sitio Web: https://www.shareable.net/how-to-live-off-the-grid-in-a-tiny-house/

Kesler, R. (19 de febrero de 2019). Así es como obtengo una impresionante presión de agua en mi cabaña | Tropa al aire libre. Extraído el 27 de agosto de 2019, de https://outdoortroop.com/how-i-get-awesome-water-pressure-at-my-cabin/

Lorenz, L. (14 de junio de 2019). Cámaras de seguridad autónomas: Asegura las propiedades remotas sin suministro de energía e Internet. Obtenido el 30 de agosto de 2019, desde https://reolink.com/off-grid-security-camera-buying-guide/

Lyons, S. (31 de enero de 2019). ¿Puedes conducir o perforar tu propio pozo? Obtenido el 24 de agosto de 2019, del sitio Web: https://www.thespruce.com/drive-or-drill-a-well-tips-4059868

Making Momentum. (30 de mayo de 2019). 9 Consejos de Minimalismo para Principiantes: Empieza a simplificar tu vida (Estilo de vida minimalista). Obtenido el 15 de agosto de 2019, del sitio Web: https://makingmomentum.net/beginner-minimalism-tips/ .

Martin, D. (19 de marzo de 2019). Potenciando el futuro... gracias a la energía renovable de tu vecino. Obtenido el 28 de agosto de 2019, desde https://www.renewableenergyworld.com/articles/2019/03/powering-the-future-thanks-to-your-neighbors-renewable-energy.html

Melanson, J. (26 de diciembre de 2016). 10 Mejores Razas de Perro para la Defensa del Hogar. Obtenido el 30 de agosto de 2019, desde https://www.animalbliss.com/best-dog-breeds-for-home-defense/

Meissner, N. (18 de febrero de 2019). Tanques de presión fuera del sistema. Obtenido el 27 de agosto de 2019, desde https://www.susprep.com/off-grid-water/off-grid-water-pressure-tanks/

Memodo. (27 de marzo de 2018). Memodo explica el optimizador de potencia SolarEdge [YouTube]. Obtenido el 28 de agosto de 2019, desde https://www.youtube.com/watch?v=V1MQR_IE6gE

Mr. Money Mustache. (19 de mayo de 2018). Mi instalación de energía solar "casera" - Energía gratuita para toda la vida. Obtenido el 28 de agosto de 2019, desde https://www.mrmoneymustache.com/2018/02/07/diy-solar-power/

Off Grid World. (17 de diciembre de 2018). Cómo encontrar un terreno para vivir fuera del sistema - Off Grid World. Obtenido el 24 de agosto de 2019, desde https://offgridworld.com/how-to-find-land-for-living-off-the-grid/

Off Grid Quest. (9 de diciembre de 2015). Selecciona el mejor tipo de cerca para tu granja con esta guía de cercas. Obtenido el 30 de agosto de 2019, desde https://offgridquest.com/on-the-farm/select-the-best-type-of-fence-for-your-f

Poindexter, J. (28 de febrero de 2017). Viviendo fuera del sistema: Qué es y 3 opciones realistas para empezar ahora. Obtenido el 14 de agosto de 2019, del sitio Web: https://morningchores.com/living-off-the-grid/

132

Powerful Signal. (2019). Amplificador de señal autónomo portátil weBoost Drive 4G-X 470510. Obtenido el 30 de agosto de 2019, desde https://powerfulsignal.com/weboost-470510-drive-4g-x-portable-off-grid-cell-phone-signal-booster/

Pure Living For Life. (12 de febrero de 2017). Cómo investigamos, encontramos y compramos el mejor terreno para nuestra casa fuera del sistema. Obtenido el 24 de agosto de 2019, desde http://purelivingfor-life.com/finding-land-for-homestead/

Quinn Farkas, J. T. (5 de noviembre de 2018). El manual alimentario de vida autónoma – Para el cultivo, la captura y la cosecha de comida. Obtenido el 30 de agosto de 2019, desde https://www.conservationinsti-tute.org/off-the-grid-food-guide/

Roeder, D. (1 de mayo de 2017). Diseños de Fosas Sépticas. Obtenido el 27 de agosto de 2019, del sitio Web: https://inspectape-dia.com/septic/Septic_Holding_Tanks.php.

Rogers, K. (10 de mayo de 2017). Pros y contras de la vida en casas rodantes. Obtenido el 24 de agosto de 2019, del sitio Web: https://kan-dacerogers.com/2017/01/25/pros-and-cons-of-rv-living/.

Simply Starry Sustainable Living With God. (29 de enero de 2016). Fundamentos del almacenamiento de alimentos a largo plazo: Despensa autónoma [YouTube]. Extraído el 31 de agosto de 2019, de https://www.youtube.com/watch?v=XNsQ_8MKxrw

WatElectrical. (23 de julio de 2019). Cómo funciona el inversor solar y sus aplicaciones. Obtenido el 28 de agosto de 2019, desde https://www.watelectrical.com/how-solar-inverter-works-applications/

Amplificadores Wilson. (2019). Los mejores amplificadores de señal de telefonía celular para zonas rurales y granjas: La Guía Completa. Obtenido el 29 de agosto de 2019, desde https://www.wilsonampli-fiers.com/blog/the-best-cell-phone-booster-for-rural-areas-complete-guide/

Venta al por mayor de energía solar. (2019). Generadores eólicos - Compara los precios de los generadores eólicos. Obtenido el 28 de agosto de 2019, desde https://www.wholesalesolar.com/wind-generator-turbines

Milton Keynes UK
Ingram Content Group UK Ltd.
UKHW021138240724
446081UK00013B/624

9 781952 395093